JN227132

Miniature Sen Hana
粘土で作る
ガーリースタイルのミニチュアスイーツ
深津千恵子

はじめに

ちいさなものは何でも可愛い。
どうして可愛いと感じるのかはわかりません。
とにかく可愛いのです。
「ちいさきものいとおかし」とはよく言ったものです。
身の回りのいろいろなものをぜんぶ小さくしてみたい。
日々そんな衝動に駆られています。

そんなちいさくて可愛いものを自分でも作ってみたいと思う方がたくさんいるようで、
メールで作り方のお問い合わせをいただいたり、
遠方からわざわざミニチュア教室に通ってきてくださったりしています。
そして、みなさん異口同音にミニチュアフードの中でも
ミニチュアスイーツを作りたいとご希望される方が多いのです。
やはり、「小さい」と「スイーツ」は萌ポイントなのでしょう。
私もこの2つは大好きです。

実際にミニチュアスイーツ作りをはじめられた方は、
次にクリームを絞ってデコレーションすることや
素敵に見栄えよくラッピングする方法などのご質問をお寄せください ます。
しかし、メールでわかりやすくご説明を申し上げるのが難しかったのが現状です。

そこで、ご要望・ご希望が多い項目をまとめた本を出版する運びになりました。
本書が、今まで「ミニチュアスイーツは作ってみたいけれど、難しそう」
「どうやって、作るのかわからない」と思っていた方々のお役に立てることを願い、
ミニチュア作りの素晴らしさを知っていただく切掛けになれば幸いです。

* Miniature Sen Hana *

深津千恵子

Miniature Sen Hana SWEETS WORLD ……… 6

SCENE_1	クリスマスの森	8
SCENE_2	クマちゃんハウスとクマちゃんトレイン	12
SCENE_3	森の中のクッキートレイン	16
SCENE_4	焼きドーナツのディスプレイ	20
SCENE_5	魔女の家－お菓子の家型BOX	24
SCENE_6	スイーツ on スイーツ	26
SCENE_7	エクレアのディスプレイ	28
SCENE_8	シュークリームのディスプレイ	30
SCENE_9	ロールケーキのディスプレイ	32
SCENE_10	ハッピー・クリスマス	34
SCENE_11	焼き菓子	36
SCENE_12	クマちゃんコレクション	37

Lesson1　ミニチュアスイーツを作る　初級編 ……… 39

基本の材料と道具 ……… 40
基本の作り方（ビスキュイ） ……… 42
　◆ 原型を作る ……… 42
　◆ シリコン型を作る ……… 43
　◆ 粘土の配合と着色 ……… 44
プレッツェル ……… 45
パルミエ ……… 46
フラワークッキー ……… 47

Lesson2 ミニチュアスイーツを作る　中級編 ……51

中級テクニック（焼きドーナツ）…………54
- 型取り用の箱を作る …………54
- 原型を作る …………54
- シリコン型を作る …………55
- 粘土の成形と着色 …………56

エクレア …………57
シュークリーム …………59
ロールケーキ …………61

Lesson3 ミニチュアスイーツを作る　応用編 ……65

シャルロットケーキ …………68
- ビスキュイ …………68
- ラズベリー …………69
- みかん …………70
- キウイ …………71
- 組み立て …………72

アイシングクッキー …………74
お菓子の家 …………76
- 原寸大型紙（お菓子の家）…………79
- 原寸大型紙（ギフトボックス）…………81

はじめに …………2
作りはじめる前に …………38
ミニチュアスイーツ Q&A …………82
おわりに …………86

Miniature Sen Hana スーパーテクニック
- 超お手軽！焼き色のつけ方 …………50
- チョコレートがけアレンジ法 …………56
- 絞り出し器を作る …………73
- お菓子の家アレンジ …………78
- 焼き菓子のラッピング法 …………80

SCENE.1
Forest of Christmas

SCENE.2
Teddy's House & Teddy's Train

Miniature Sen Hana
SWEETS WORLD

SCENE.3
Cookie Train In The Woods

SCENE.4
Baked Donuts Display

SCENE.5
Hexenhaus

SCENE.6
Sweets on Sweets

SCENE_7
Eclair Display

SCENE_8
Cream Puff Display

ようこそ、Miniature Sen Hanaの「Sweets World」へ。
「Sweets World」には、魔法のかかった不思議の森や動物たちが楽しく暮らす森、甘い香りが漂う滝とお花畑があります。冒険心をくすぐる岩場や火山もあります。そうそう、ちょっと危険な魔女の家もね！

SCENE_9
Roll Cake Display

SCENE_10
Happy Xmas

SCENE_11
Baked Sweets

SCENE_12
Teddy's Collection

SCENE_1
Forest of Christmas
クリスマスの森

トナカイたちがプレゼントをソリに乗せて、

深々と雪が降る森の中を駆け抜けて行きます。

私のお気に入りのシーンのひとつです。

モミの木の両面にはクリスマスモチーフの

アイシングクッキーを飾り付けました。

いろいろな種類のアイシングクッキーを

見比べて楽しんでください。

Miniature Sen Hana SWEETS WORLD

Forest of Christmas

ここは真冬なのに
キノコが生える「不思議の森」。
モミの木にもおいしそうな
クッキーの実がなっています。

実物大

SIZE
横約80mm
縦約55mm
高さ約55mm

Miniature Sen Hana SWEETS WORLD

Forest of Christmas

SCENE_2 クマちゃんハウスとクマちゃんトレイン
Teddy's House & Teddy's Train

Miniature Sen Hana SWEETS WORLD

住人がクマちゃんのお菓子の家です。

だから屋根にはクマちゃんクッキー、

　クマちゃんタルト、

クマちゃんキャンディとクマ推しです。

もちろんクッキートレインも

クマちゃんモチーフがいっぱいです。

Teddy's House & Teddy's Train

クマちゃんの街では
お砂糖の雪が降ります。
お砂糖でキャンディを作って
隣町に運んでいます。

実物大

SIZE
横約80mm
縦約55mm
高さ約40mm

Miniature Sen Hana SWEETS WORLD

Teddy's House & Teddy's Train

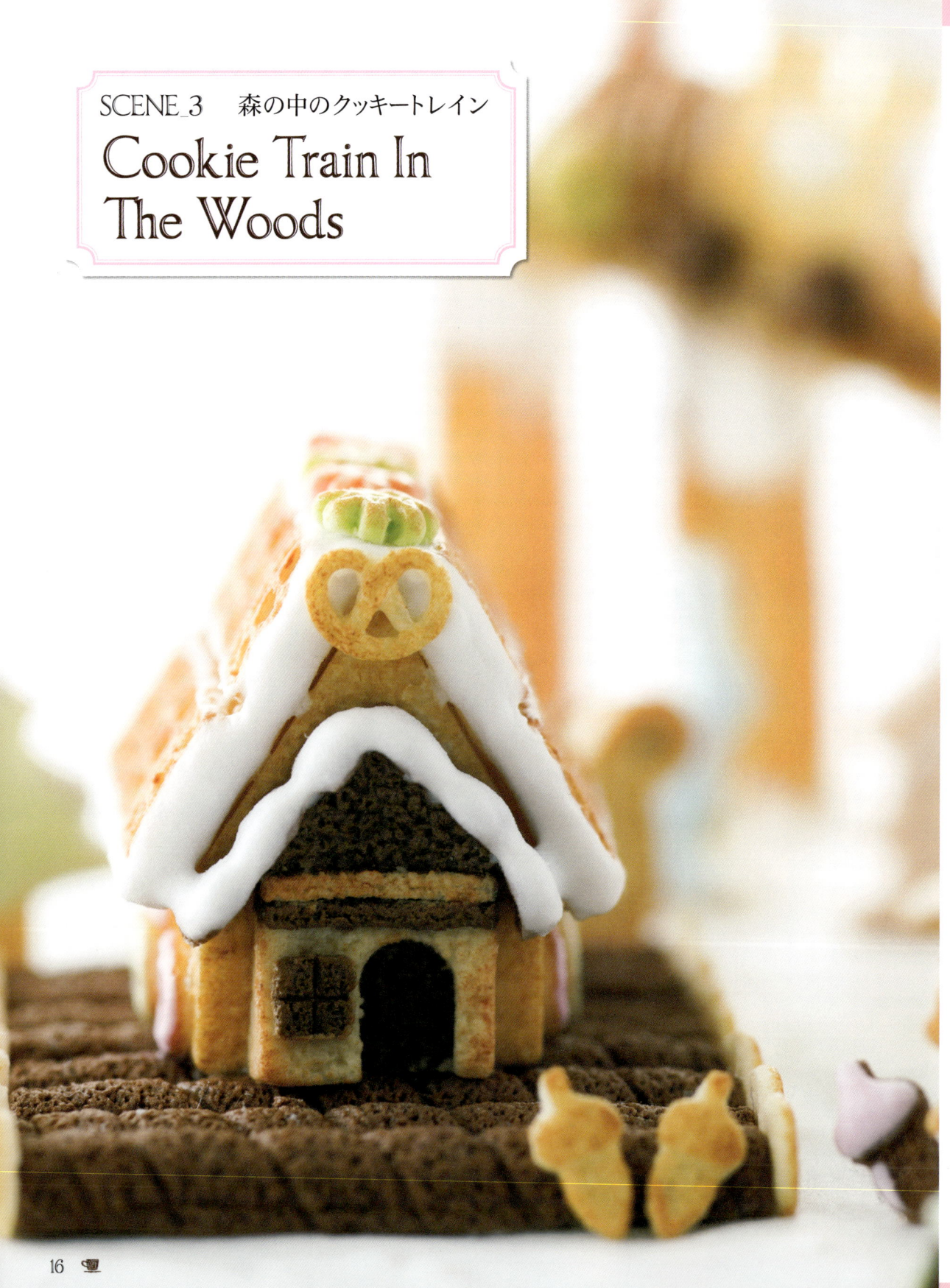

SCENE_3 森の中のクッキートレイン
Cookie Train In The Woods

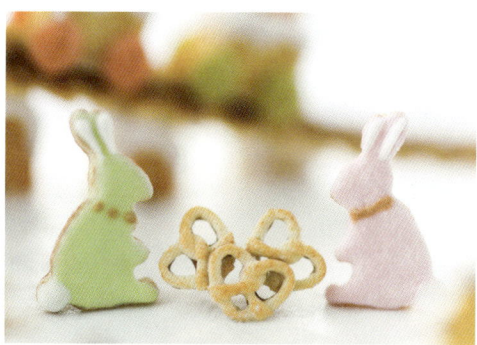

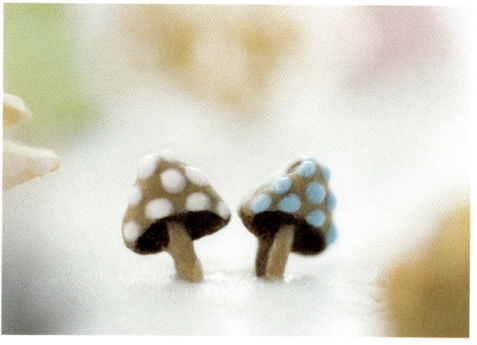

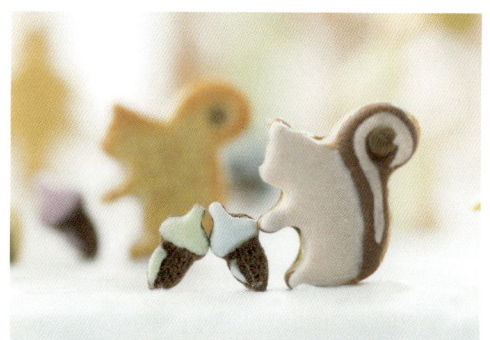

お菓子の家とクッキートレインと動物たち。

私の好きなものをいっぺんに集めました。

トレインの荷台には

こぼれそうなほどの焼き菓子が積まれています。

きのこが生え、どんぐりが転がっている森の中で

うさぎやリスも遊んでいます。

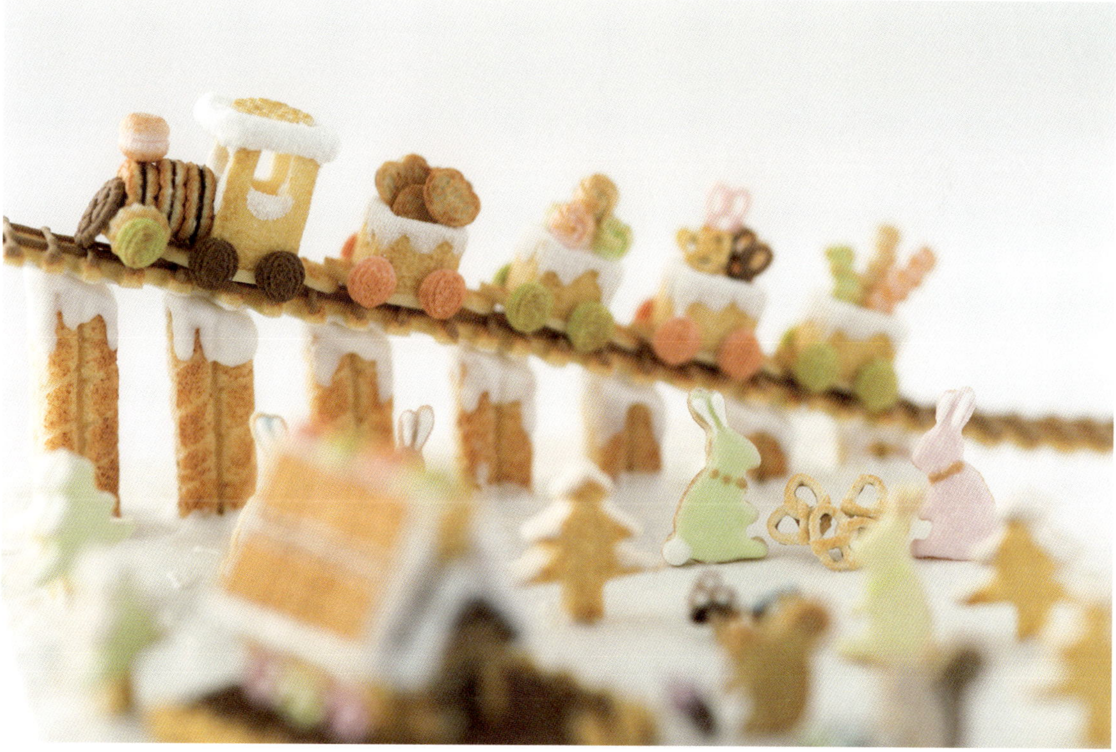

Cookie Train In The Woods

Miniature Sen Hana SWEETS WORLD

森の中の小屋は
しまリスさんのおうちです。
表札はもちろん
どんぐりクッキー。

実物大

SIZE
横約85mm
縦約85mm
高さ約45mm

Cookie Train In The Woods

SCENE_4 焼きドーナツのディスプレイ

Baked Donuts Display

定番のチョコ、モカ、ホワイトチョコのドーナツをはじめ、
抹茶、ストロベリーシュガー、チョコレートクランチと
いろいろな味のドーナツを作りました。
そして、ドーナツをロリポップのようにディスプレイ。
もちろん、お菓子の家のまわりにもミニミニドーナツ。
屋根を開けて室内を覗くと、
中には個包装されたドーナツがいっぱい。
ドーナツだらけのディスプレイです。

Miniature Sen Hana SWEETS WORLD

お菓子の国のドーナツ村では
道の敷石も街灯もドーナツ。

実物大

SIZE
横約85mm
縦約85mm
高さ約45mm

Baked Donuts Display

23

SCENE_5
魔女の家-お菓子の家型BOX
Hexenhaus

お菓子の家は「ヘクセンハウス」(魔女の家) とも言います。

魔女には煙突の煙でさえお菓子に変えてしまう魔力があります。

屋根を完全に取り外すことができるお菓子の家型ボックスです。

ボックス(室内)の中には包装されたお菓子が入っています。

室内のお菓子を食べ終わったらまた、

好きなお菓子を入れて楽しめますよ。

魔女が家の中だけでなく
外にもお菓子を並べて
あなたがやってくるのを
待ち伏せしています。

実物大

SIZE
直径約57mm
高さ約48mm

スイーツのディスプレイ台が
スイーツという贅沢仕様です。
トロっと流れ落ちそうな
六分立ての生クリームを塗った
スポンジの土台にシャルロットケーキ、
チョコレートケーキ、
アメリカンカップケーキなどを
ディスプレイしました。

SCENE_6　スイーツ on スイーツ
Sweets on Sweets

お菓子の国の滝は

生クリームが流れています。

滝つぼで待ち受けていると、

スイーツ食べ放題です。

実物大

SIZE
直径約57mm
高さ約48mm

エクレアは定番のチョコの他、
モカ、ホワイトチョコ、ストロベリー、抹茶と
カラフルにコーティングしました。

SCENE_7　エクレアのディスプレイ
Eclair Display

実物大

お花畑に咲くのは

カラフルにコーティングされた

エクレアのエディブルフラワーです。

召し上がれ。

SIZE
直径約57mm
高さ約18mm

シュークリームはお店によって大きさや質感がさまざまです。

私が好きなのは固めのシュー生地で

噛むとサクッといい音がするタイプです。

定番の生クリームの他に、

抹茶クリームとストロベリークリームも絞り出しました。

SCENE_8　シュークリームのディスプレイ
Cream Puff Display

Miniature Sen Hana SWEETS WORLD

岩もシュークリームでできています。
ロッククライミングをするときは
生クリームの万年雪に気をつけて。

実物大

SIZE
直径約55mm
高さ約55mm

Cream Puff Display

ロールケーキはシンプルな形なのにカワイイから不思議です。

シンプルだから飾りがいがあるのかもしれません。

そんなロールケーキを使ってタワーを作りました。

ロールケーキをタワーにして、

ラズベリークリームを絞ったらロウソクに見えました。

いつまでも消えない炎です。

SCENE_9 ロールケーキのディスプレイ
Roll Cake Display

Miniature Sen Hana SWEETS WORLD

お菓子の国には火山もあります。

ロールケーキの山から

ラズベリークリームが噴火しています。

実物大

SIZE
直径約55mm
高さ約43mm

Roll Cake Display

SCENE_10 ハッピー・クリスマス
Happy Xmas

ホワイトクリスマス仕様のボックスで統一したシリーズ。
チョコレート以外の蓋を透明にしたことで
カラフルなクリスマスのお菓子の中身が
見えるようにしました。

クリスマスのアイシングクッキー

カラフルなクリスマスのアイシングクッキーを
ギフトボックスに詰め合わせました。
ボックスにはウィンドウを付けて
蓋を閉じたままディスプレイできるようにしました。

SIZE
横約33mm
縦約14mm
高さ約5mm

フラワー＆リーフのアイシングクッキー

花や葉をモチーフにしたアイシングクッキーもできあがりが
カワイイので大好きです。ココア味のクッキー生地が
アイシングを引き立てています。クリスマスバージョンより
少しだけカラーを強めにしてヨーチビスケット風に仕上げました。

SIZE
横約33mm
縦約14mm
高さ約5mm

サンタクロースのハンドメイドクッキー

サンタクロースとスティッキの型抜きクッキーに
お砂糖をいっぱい使ったアイシングをしました。
透明なケースの蓋にはクリスマスローズを
イメージした透かしを入れました。

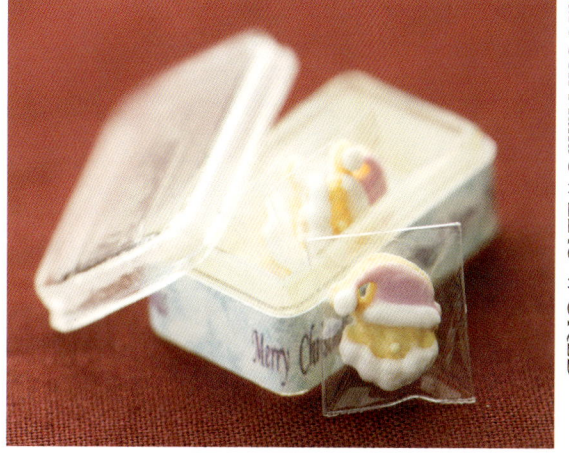

SIZE
横約23mm／縦約14mm／高さ約10mm

ウサギのシルエットチョコレート

ウサギのシルエットチョコレートです。
薄く繊細なチョコレートはお口に入れると
パリッと割れてすぐに溶けてしまいます……。
そんなイメージで作りました。
キャニスターの蓋には雪の結晶の模様が入っています。
クリスマスらしいデザインにしました。

SIZE
直径約8mm／高さ約14mm

ウサギのシルエットクッキー

ウサギのシルエットを生かしたクッキーです。
焼き色を楽しんでいただくために
耳と首輪としっぽにアイシングを施しました。
ケースはクッキーの焼き色が映えるように
茶系にしました。

SIZE
横約16mm／縦約12mm／高さ約8mm

SCENE_11 焼き菓子
Baked Sweets

焼き菓子たちの個性を活かすために
焼き菓子の形状に合わせて
ボックスを削り出しました。

"Mon temps favori" アソートI

ビスキュイ、プレッツェル、パルミエ、フラワークッキー、
絞り出しクッキーを箱詰めにしました。
これらの焼き菓子と一緒にいただくお茶の時間が
私のお気に入りの時間です。

SIZE
横約22mm／縦約16mm／高さ約5mm

"Mon temps favori" アソートII

チョコクリームクッキーをはじめとする
焼き菓子を箱詰めにしました。
特にチョコレートがけのビスケットはコーヒーと、
バラの花をモチーフにした厚焼きクッキーは
紅茶によく合います。

SIZE
横約22mm／縦約16mm／高さ約5mm

焼き菓子ギフト

マドレーヌ、絞り出しクッキー、厚焼きクッキーの
それぞれを包装してギフトボックスに入れました。
包装するだけでイメージが変わるのが
焼き菓子の魅力です。

SIZE
横約22mm／縦約16mm／高さ約4mm

SCENE_12 くまちゃんコレクション
Teddy's Collection

クマ推しのためのコレクションです。
透明容器にはクマちゃんの
透かしを施しました。
シルエットがきれいに浮かびあがっています。

キラキラキャンディ

透明感が美しいキャンディは
それを引き立たせる透明の容器に入れました。
置いてあるだけで絵になるミニチュアです。
キャニスター本体の底とフタに
クマちゃんモチーフの
透かしを入れました。

SIZE
直径約8mm
高さ約14mm

クマちゃんタルト

クマちゃんタルトとハートのタルト。
どちらもチョコレートクリームを詰めました。
八角形の容器は中のタルトがよく見えるように
透明に仕上げ、さらに容器本体と
蓋の両方にクマちゃんモチーフの
透かしを入れました。

SIZE
横約16mm
縦約12mm
高さ約8mm

クマちゃんのアーモンドクッキー

プレーン、ストロベリー、抹茶味の焼き菓子は
アーモンドパウダーをたっぷり使った
サックリした焼き菓子です。クマ好きなので、
もちろん形はクマちゃん。
キャニスターの蓋の持ち手も
もちろんクマちゃんです。

SIZE
直径約8mm
高さ約17mm

作りはじめる前に

本書では1/12サイズのミニチュア作品の作り方を紹介しています。原型作りが初めての方は、まずLesson1の作例「ビスキュイ」で工程の流れをしっかりとマスターしてください。

❶ 原型を作る

作品を本物そっくりに仕上げるには、原型作りが何より大切です。作りたいスイーツの実物のサイズを測って、それを12で割ったサイズ（1/12サイズ）の原型を作ります。実物をよく観察してリアルな質感を目指しましょう。原型作りには、本書では「エポキシ造形パテ（速硬化タイプ）」（タミヤ）を使用しています。

❷ 型を作る

原型ができたら、型を作ります。型を作ることで、大きさと形の整ったミニチュアを作ることができます。本書では、作例に合わせてパテタイプの「ブルーミックス（スロー）」（アグサジャパン）とペーストタイプの「ブルーミックス（ソフト）」（アグサジャパン）を使用しています。

❸ 粘土の配合と着色

型に粘土を詰める型取り作業を行います。本書では、樹脂粘土「ハイクレイ」（新日本造形）と軽量紙粘土「天使のねんど」（中部電磁器工業）をブレンドして使用しています。また、焼き菓子のベースの焼き色として、ブレンドした粘土にアクリル絵の具「ブロンズイエロー」（リキテックス）を混ぜ込んで下地の色をつけています。

❹ アレンジ

ベースとなる作品が完成したら、シュー生地にクリームを絞り出したり、チョコレートがけをしたりするなど、好みのアレンジを加えてミニチュア作品のバリエーションを楽しんでください。

作業中の注意点

◎硬化時間に関して
使用する製品や室温によって硬化時間は異なります（冬など気温の低いときは硬化時間が長くなります）。必ず各製品に添付されている使用説明書をよく読んでから作業を行ってください。

◎エポキシパテの取り扱い方
作業にはゴム手袋などを必ず着用してください。

◎型取り用シリコンゴムの取り扱い方
作業には商品添付の手袋を必ず着用し、ゴム手袋の着用は避けてください。ゴム手袋は硬化不良の原因になることがあります。

◎粘土の保管
粘土を購入したら小分けにして、それぞれを食品用のラップで包み、さらに密閉できる袋などに入れることをおすすめします。ポイントは小分けです。

◎室内の換気と事故防止
ミニチュア作りには粘土以外にもさまざまな材料や道具を使用します。手荒れやアレルギーの原因物質になるもの、気化した際に有害物質を発生する製品もあります。また、ホットナイフやはんだごて、ライターなど火傷の恐れのあるもの、カッターナイフ、やすり、電動ルーターなど切傷の原因になるものも多々あります。取扱い説明書と注意書きをよく読み、小さな子どもやペットの近くでの作業は避けてください。

Lesson 1
ミニチュア スイーツを作る 初級編

Lesson 1 初級編

ミニチュアスイーツ作りに必要な基本の材料と道具

※本書掲載の情報は2014年6月現在です。
※必ず各商品に添付されている使用説明書をお読みください。

原型

エポキシ造形パテ(速硬化タイプ)100g(タミヤ)

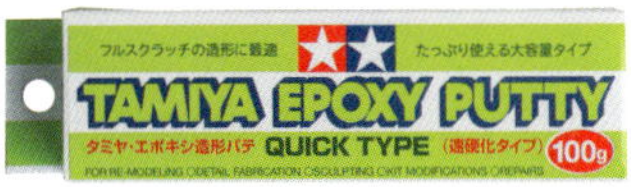

硬化までの時間が長いので、粘土で成形するよりも細かく作り込める。硬化後も新たにパテを盛ったり、削ったり、磨いたりできるのでミニチュア作りに適している。
※作業にはゴム手袋などを着用してください。

型取り用シリコンゴム

ブルーミックス(アグサジャパン)

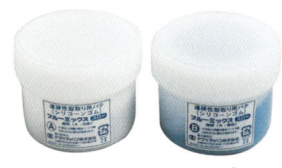

粘土のように扱えるパテタイプなので、手軽に原型に押し付けてシリコン型を作ることができる。厚みや角があるもの、複雑な模様がついた原型の型取りにはやや不向き。
※作業には商品添付の手袋を着用し、ゴム手袋の着用は避けてください。ゴム手袋は硬化不良の原因になることがあります。

ブルーミックス(ソフト)(アグサジャパン)

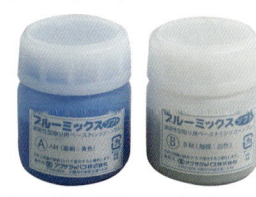

複雑な形状の型取りに適したペーストタイプ。シリコン型に柔軟性があるので、詰めた粘土を取り出しやすいのも◎。
※作業には商品添付の手袋を着用し、ゴム手袋の着用は避けてください。ゴム手袋は硬化不良の原因になることがあります。

粘土

ハイクレイ(新日本造形)

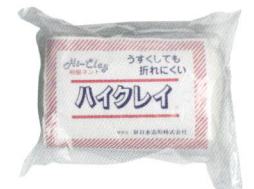

樹脂粘土。薄く伸ばしても折れないのでミニチュア作りに適している。乾燥後は半透明になり、表面がツルツルに仕上がる。単体で用いる場合はチョコレートやフルーツ作りに向いている。

天使のねんど(中部電磁器工業)

軽量紙粘土。樹脂粘土とブレンドするとパンやクッキーの質感が良く表現できる。水で柔らかく練って生クリームの表現に最適。

すけるくん(アイボン産業)

透明粘土。乾燥すると透明に近くなるので、模型用のクリヤーカラーを混ぜてフルーツやキャンディ作りに向いている。

モデナペースト(パジコ)

液状粘土。水分をとても多く含む粘土なので、ジェルメディウムを混ぜてアイシングの素を作るのに最適。

盛り上げ剤

ジェルメディウム(リキテックス)

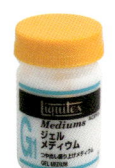

クリーム状の盛り上げ剤。モデナペーストと混ぜてアイシングの素を作るのに最適。

ポーリング メディウム(リキテックス)

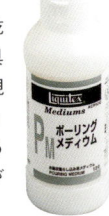

水あめ状の盛り上げ剤。乾くと透明になるので、絵の具と混ぜてジャムの質感を表現するのに最適。ジェルメディウムに比べて流動性があるので、細部への流し込みがしやすいのも特徴。

※本書ではモデナペーストとこげ茶色の絵の具を混ぜてフラワークッキーのチョコレートクリームを表現。

着色

焼き色の達人(タミヤ)

アイシャドーのようにチップで着色できるので、手軽で初心者向き。塗料の定着だけならツヤなしの水性ニスを、塗料の定着の他にツヤを出したいときにはマニュキュアのトップコートを使用する。

油性ジェルカラーニス ライトオーク(アサヒペン)

色をつけた油性ニスなので、着色とニス塗りが一度にできる。

絵の具(水彩またはアクリル)

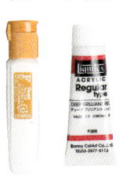

粘土の中に練り込んだり、乾燥後の粘土の表面に塗ったりする。アイシングの素に混ぜれば、さまざまな色のアイシングが作れる。

仕上げ

ウルトラバーニッシュマット(パジコ)
ツヤがまったくないので素材感をそのまま表現できる。水性ニスを塗面に塗ることで塗料が擦れて落ちてしまうのを防ぐ効果も。

サテンバーニッシュ(リキテックス)
フルーツの素材感を生かしつつ瑞々しさを表現するのに適している。
※本書ではシャルロットケーキの上のいちご以外のフルーツに使用。

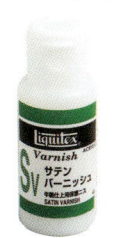

トップコート
ツヤを出したいときに手軽に入手できるのが利点。水彩絵の具など水性の塗面に用いるツヤ出しにおすすめ。ベースコートでも可。
※本書ではイチゴのツヤ出しに使用。

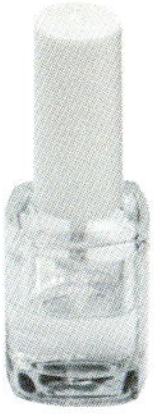

道具

はさみ
ミニチュア作りでは先端が細いものが便利。

カッターナイフ
紙や粘土を切る他に、原型をつついて成形するときにも使用。刃先が細いデザインナイフがミニチュア作りに向いている。

カラースケール(パジコ)
粘土をブレンドするときにそれぞれの粘土を計量する。パテタイプのシリコンを計量するときにも使用。

精密はかり
0.1g単位で量れるものがミニチュア制作には向いている。ペーストタイプのシリコンを計量するときにも使用。

筆
細いものがミニチュア作りに向いている。ネイルアート用のものがおすすめ。

ネイルアート用ドット棒
アイシングで水玉模様を描くときに利用。

台所用スポンジ
小さく切って、焼き色をつけるときに筆の代わりに使用。

ペーパーパレット
絵の具や接着剤などを出して作業する。牛乳パックなど防水性のある紙でも代用可。

ピンセット
先が細い模型用のものを2本用意しておくと細かい作業がしやすい。

爪楊枝
原型をつついて整えたり、細かい部分の接着作業、絵の具を混ぜ合わせたりなど何かと重宝する。

両面テープ
型抜きした粘土を動かないように固定する際に使用。

定規
直線定規や円定規を適宜使用し、縮尺に気を配りながら制作する。

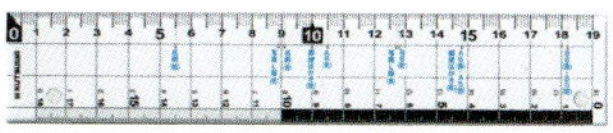

その他

針
縫い針やまち針、刺繍針と針にはいろいろな太さがあり、この太さの違いを利用して原型の質感表現に役立てる。

カッターマット
カッターナイフを使うときに必ず使用する。

粘土板と粘土ローラー
粘土を伸ばすときにあると便利。

グロスバーニッシュ(リキテックス)
フルーツをナパージュ(艶やかにコーティング)仕立てにするのに適している。

模型用アクリルカラー
クリヤーカラーは透明感が必要なフルーツ作りに適している。

ワセリン
エポキシパテで原型を制作する際、べとつきを抑えるために指先と道具の先端に薄く塗っておくとよい。また、型取り用シリコンで両面取りする際にもシリコン同士がくっつかないように薄く塗っておく。

木工用接着剤
ペーパーボックスの接着や粘土同士の接着に使用。速乾タイプがおすすめ。

ペンチ
クリームの絞り出し器を制作するときに使用。

筆記用具
ペン先が細いものはミニチュアの細かい部分に絵や文字を描き入れるのに便利。黒色はキウイフルーツの種を描くのに利用できる。

攪拌棒・マドラー
ブルーミックスのペーストタイプを始めとする攪拌作業に使用する。
※本書ではお菓子の家の作り方で、粘土を均一の厚さに伸ばすために使用。

たこやきピック
クリーム絞り出し器を制作するときに使用。原型をつついて整える際にも役立つ。

41

（準備編）ミニチュアスイーツの基本の作り方

ビスキュイ
Biscuit　SIZE　長さ約6.5mm／幅約2.5mm

本物そっくりな質感を表現するには、エポキシパテ（パテ）が最適です。パテは切削加工が容易で、粘土では再現しづらい細かな造形作業に向いています。ここでは、ビスキュイを作例に、基本の作り方を説明します。

材料　エポキシパテ　牛乳パックなどの防水性の厚紙　両面テープ　型取り用シリコンゴム（パテタイプ）　粘土（P44参照）　焼き色塗料（P50参照）

原型を作る

エポキシパテを使って原型を作ります。パテは、エポキシ樹脂の主剤と硬化剤の2剤を練り混ぜることで硬化します。製品や室温によって硬化時間は異なるので、説明書をよく確認してから作業を進めましょう。

※本書では「エポキシ造形パテ（速硬化タイプ）」を使用しています。

POINT
エポキシパテの取り扱い方

硬化前のパテはベタベタとしていて扱いにくいので、事前に指先や道具に薄くワセリンを塗っておくとよいでしょう。また、扱いやすい固さになるまでパテを放置して、あえて硬化を進ませてから作業を始めるのも◎。

❶ エポキシパテの主剤と硬化剤を1：1の割合で計量する。

❷ 色が均一になるまで2剤をしっかりと練り混ぜる。※必ずビニール手袋を着用して作業を行うこと。

❸ 色が均一になった状態。ここから各作例に合わせて成形していく。

❹ 指で転がしながら、長さ約6mm、直径約2mmのやや楕円気味の棒状に形作る。

❺ 表面を縫い針や爪楊枝、カッターなどでつついて質感をだす。本物をよく観察して、時間をかけて丁寧に表現する。

❻ 長さ約6.5mm、幅約2.5mmの原型ができたところ。

シリコン型を作る（パテタイプ）

　型取りをすることで、同じ作品を何度も簡単に作ることができ、箱詰めのお菓子を作る場合などに便利です。ここでは、粘土状で扱いやすいパテタイプのシリコンゴムを使って型を取る方法を紹介します。
※本書では「ブルーミックス（スロー）」を使用しています。

❶ 原型が完全に硬化したら、原型を牛乳パックなどの防水性の厚紙に両面テープで固定して動かないようにする。

❷ 型取り用シリコンの基剤と触媒を1：1の割合で計量する（「カラースケール」の穴「C」にすり切りいっぱいが目安）。

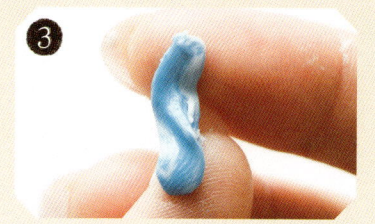

❸ 色が均一になるまで2剤をしっかりと練り混ぜる。※必ずビニール手袋を着用して作業を行うこと。

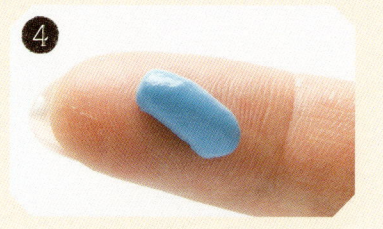

❹ 色が均一になった状態。「ブルーミックス（スロー）」は練り混ぜてから約4分で硬化がはじまるので、型取り作業はこの時間内に行う。

❺ 空気が入らないように注意して、型取り用シリコンを1の原型に押しつける。そのまま置いて硬化させる。

❻ 型取り用シリコンが完全に硬化したら、原型を取り出す。

POINT
針を持ちやすく加工
縫い針は原型をつつく作業をする際、指がすべりやすいのが難点です。持ち手の部分にエポキシパテを硬化させておくと取り扱いやすくなります。

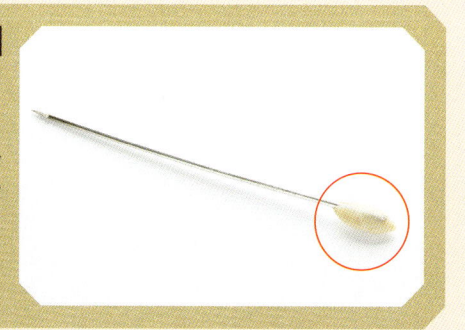

❼ シリコン型ができたところ。

Lesson 1 初級編

粘土の配合と着色

　粘土は、軽量で柔軟性の高い「軽量紙粘土」をはじめ、「樹脂粘土」や「透明粘土」などさまざまな種類があります。作りたい作例の質感に応じて、いろいろと試してみましょう。
※本書では、粘土は「ハイクレイ」と「天使のねんど」を、絵の具は「ブロンズイエロー」を使用しています。

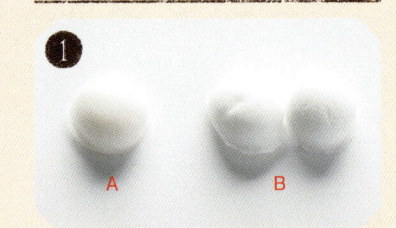

❶ 「ハイクレイ」1(A) に「天使のねんど」2(B) の割合で用意して練り混ぜる。「カラースケール」等を使って正確に計量すること。

❷ 薄いクリーム色に着色する。筆に黄土色の絵の具（アクリルもしくは水彩）を少量取り、粘土につける。

❸ 絵の具を包み込むように、色が均一になるまでしっかりと練り混ぜる。

❹ 色が均一になった状態。これが焼き菓子のベースの色になる。練り混ぜる絵の具をこげ茶色にすればココア味ベースになる。

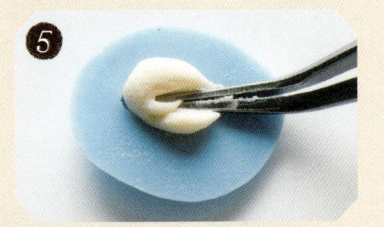

❺ 着色した粘土をシリコン型に詰める。

❻ ピンセットを使ってしっかりと押し込み、余分な粘土はすり切る。指の腹で押し込むと指紋の跡が残るのでNG。

POINT
底面の表現方法
シリコン型に粘土を詰め終えたら、濡れたタオル生地などに押しつけます。こうすることで、焼き菓子の底面の質感を表現できます。

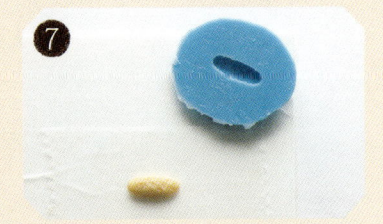

❼ 粘土が乾燥したら、シリコン型から取り出す。乾燥した粘土はひとまわり小さくなる。

❽ 焼き色をつけてビスキュイの完成（P50参照）。底面は焼き色をつけない。

❾ 2個の底面同士を木工用接着剤で貼りつければ、厚みのあるビスキュイに仕上がる。

プレッツェル
Brezel

SIZE　縦約4mm／横約4.5mm

エポキシパテの取り扱いは慣れましたか？　今度は細長く伸ばして、プレッツェル作りに挑戦です。細長く伸ばしたら、固くなるまで少し待ってからクルッと丸めましょう！

材料 エポキシパテ　牛乳パックなどの防水性の厚紙　両面テープ　型取り用シリコンゴム（パテタイプ）　粘土（P44参照）　焼き色塗料（P50参照）

原型を作る

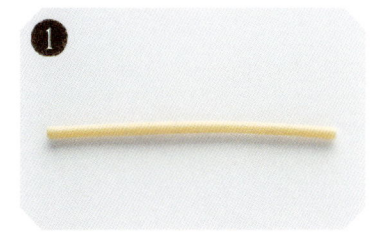

❶ エポキシパテをこね、直径約1mmの棒状にする。

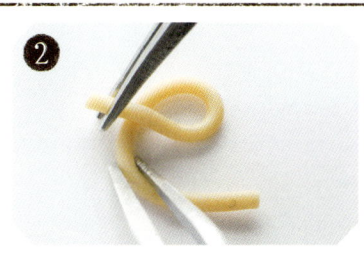

❷ ピンセットで右端を持ち、輪を作る。

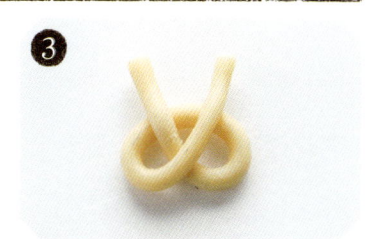

❸ 同様にピンセットで左端を持ち、プレッツェルの輪を形作る。

❹ はみ出た部分はカッターで切り取る。

❺ 上下を返し、表面を縫い針や爪楊枝、カッターなどでつついて質感をだす。

❻ 縦約4mm、横約4.5mmの原型ができたところ。

型を作る

❶ 原型が完全に硬化したら、原型を牛乳パックなどに両面テープで固定する。

❷ 型取り用シリコンの基剤と触媒を1：1の割合で計量し、よく練り混ぜて原型に押しつける。

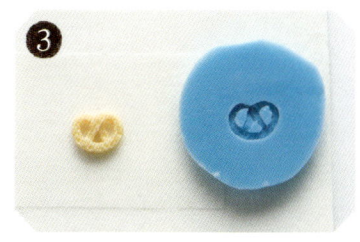

❸ 型取り用シリコンが完全に硬化したら、原型を取り出す。

Lesson 1 初級編

粘土の成形と着色

① 薄いクリーム色に着色した粘土をシリコン型に詰める。濡れたタオル生地に押しつけ、底面の質感を表現したところ（P44参照）。

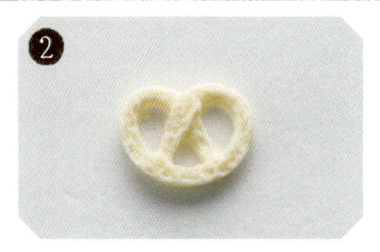

② 粘土が乾燥したら、シリコン型から取り出す。

③ 焼き色をつけてプレッツェルの完成（P50参照）。

パルミエ
Palmier

SIZE　縦約4mm／横約4.5mm

エポキシパテを「細長く伸ばして、クルッと丸める」の応用編です。両側の巻きの回数をきちんと合わせると、仕上がりがきれいなハート型になります。

材料 エポキシパテ　牛乳パックなどの防水性の厚紙　両面テープ　型取り用シリコンゴム（パテタイプ）　粘土（P44参照）　焼き色塗料（P50参照）

原型を作る

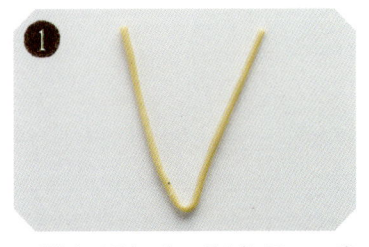

① エポキシパテをこね、長さ約35mm、直径約1mmの棒状にする。半分の位置で軽く折り曲げ、中心の目印にする。

② 両端から中心に向かって、均一の大きさで巻いていく。

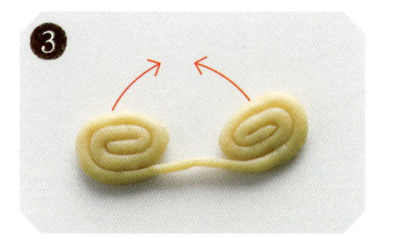

③ 両端から中心まで巻き終えたら、左右を合わせてハート形に形作る。

④ ピンセットなどで理想のハート形に整えていく。

⑤ 表面を縫い針や爪楊枝、カッターなどでつついて質感を出し、縦約4mm、横約4.5mmの原型ができたところ。

型を作る

①
原型が完全に硬化したら、牛乳パックなどに両面テープで固定して動かないようにする。

②
型取り用シリコンの基剤と触媒を1：1の割合で計量し、よく練り混ぜて原型に押しつける。

③
型取り用シリコンが完全に硬化したら、原型を取り出す。

粘土の成形と着色

①
薄いクリーム色に着色した粘土をシリコン型に詰める。濡れたタオル生地に押しつけ、底面の質感を表現したところ（P44参照）。

②
粘土が乾燥したら、シリコン型から取り出す。

③
焼き色をつけてパルミエの完成（P50参照）。

フラワークッキー
Flower cookies

SIZE　直径約3.5mm

円のまわりに均等にスジを付けると、上から見たときにきれいな花に仕上がります。ポイントは、縫い針を垂直に立ててエポキシパテの側面に押しつけることです。

材料　エポキシパテ　牛乳パックなどの防水性の厚紙　両面テープ　型取り用シリコンゴム（パテタイプ）　粘土（P44参照）　焼き色塗料（P50参照）　モデナペースト　ポーリングメディウム　絵の具（こげ茶色）

原型を作る

①
エポキシパテをこね、直径約3.5mm、厚さ約1.5mmの円盤状にする。

②
縫い針をパテの円周に沿って垂直に押しつけ、12本のスジをつける。

③
縫い針やカッターの刃先を斜めから差し入れ、涙型の模様を12個形作る。

Lesson 1 初級編

❹ 花びら状の模様が12個できたところ。

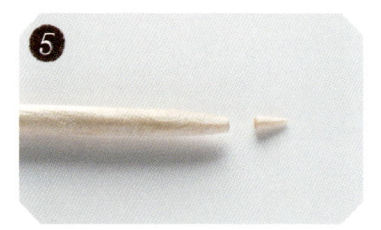

❺ 爪楊枝の先をカッターやハサミでカットする（先が丸いペンなどでも可）。

❻ 先をカットした爪楊枝を原型に押しつけ、中心にくぼみをつける（直径約1.1mm）。

❼ 直径約3.5mmの原型ができたところ。

型を作る

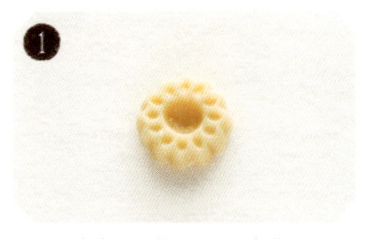

❶ 原型が完全に硬化したら、牛乳パックなどに両面テープで固定して動かないようにする。

❷ 型取り用シリコンの基剤と触媒を1：1の割合で計量し、よく練り混ぜて原型に押しつける。

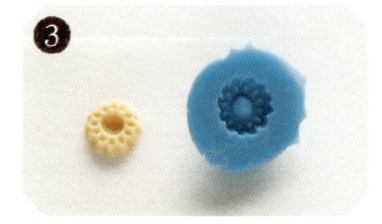

❸ 型取り用シリコンが完全に硬化したら、原型を取り出す。

粘土の成形と着色

❶ 薄いクリーム色に着色した粘土をシリコン型に詰める。濡れたタオル生地に押しつけ、底面の質感を表現したところ（P44参照）。

❷ 粘土が乾燥したら、シリコン型から取り出す。

❸ 好みの焼き色をつける（P50参照）。

チョコレートクリーム

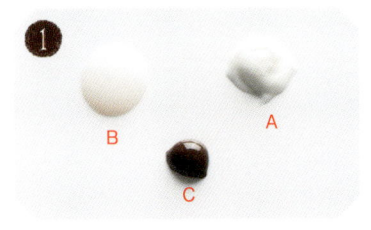

1 「モデナペースト」(A)と「ポーリング メディウム」(B)を1:1で出し、こげ茶色の絵の具(C)を適量用意する。

2 細筆や爪楊枝などで混ぜ合わせる。色が薄い場合は絵の具を、色が濃い場合は「モデナペースト」を、なめらかさが足りない場合は「ポーリング メディウム」を適量加える。

3 焼き色をつけた粘土を牛乳パックなどに両面テープで固定し、爪楊枝などで2を中央のくぼみに入れる。

4 乾燥すると水分が減るので、イメージするクリームの量よりも少し多めに盛るとよい。

5 チョコレートクリームが乾燥したら、フラワークッキーの完成。

POINT
ジャムクッキーにアレンジ！

「ポーリング メディウム」に絵の具を加えるだけで、ジャムクッキーにもアレンジできます。用意する絵の具はアクリルでも水彩でもOKですが、アクリル絵の具のほうが発色よく仕上がります。好みの絵の具を調合して、いろいろチャレンジしてみて！

マーマレードジャム
レモン＋だいだい　ポーリング メディウム

イチゴジャム
赤　ポーリング メディウム

キウイジャム
レモン＋きみどり　ポーリング メディウム

Lesson 1 初級編

{ Miniature Sen Hana スーパーテクニック }

超お手軽！焼き色のつけ方

焼き色は薄い色から徐々に濃く、少しずつ何回も塗り重ねていくのがポイントです。各塗料を試してみて、理想の焼き色を見つけてください。

※本書では「油性ジェルカラーニス ライトオーク」を使用しています。

1液型ウレタン樹脂塗料

本来は木部用の塗料。1液性の着色ニスなので手軽に扱える。茶系色のバリエーションが豊富で、焼き色の着色に便利。

水彩絵の具

入手しやすい材料なので手軽に始められる。塗料のツヤ出しにはマニキュアのトップコートやニスなどを用いる。

焼き色の達人

アイシャドーのようにチップで塗装できるので初心者向き。ツヤ出しにはトップコート（写真右）を、塗料の定着だけならば「ウルトラバーニッシュマット」（写真左）を用いるとよい。

❶ 焼き色をつけたい粘土を牛乳パックなどに両面テープで固定する。

❷ 好みの塗料を適量出し、扱いやすい大きさにカットした食器洗い用スポンジに少量つける。色が濃くつき過ぎないように注意。

❸ スポンジで軽くはたくようにして、粘土のくぼみ以外の表面に薄く着色する。

❹ 好みの焼き色になるよう、さらに濃く焼き色をつけたところ。

❺ 細筆に塗料を少量取り、焦げ目をつける。実際の焼き色をよく観察して仕上げていく。

❻ 焼き色が仕上がったところ。

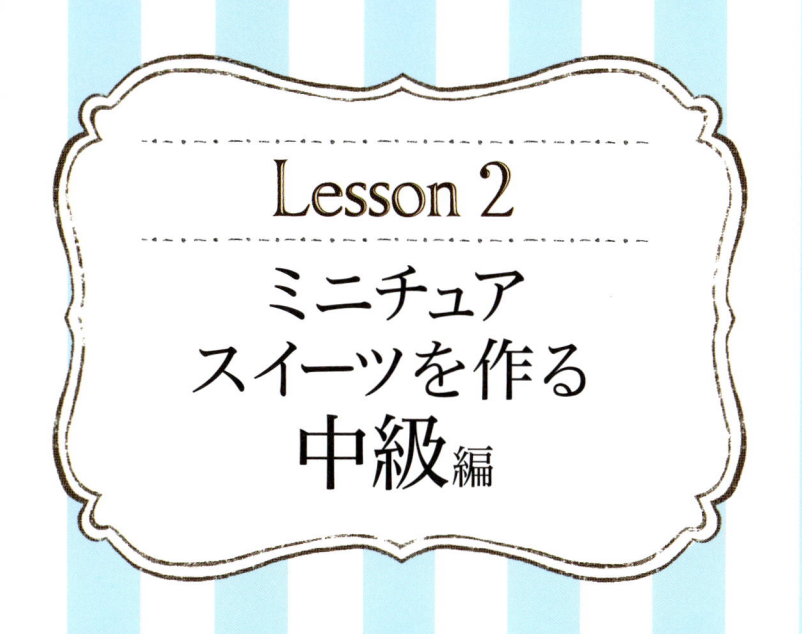

Lesson 2
ミニチュアスイーツを作る 中級編

Lesson 2 中級編

Miniature Sen Hana
SWEETS WORLD

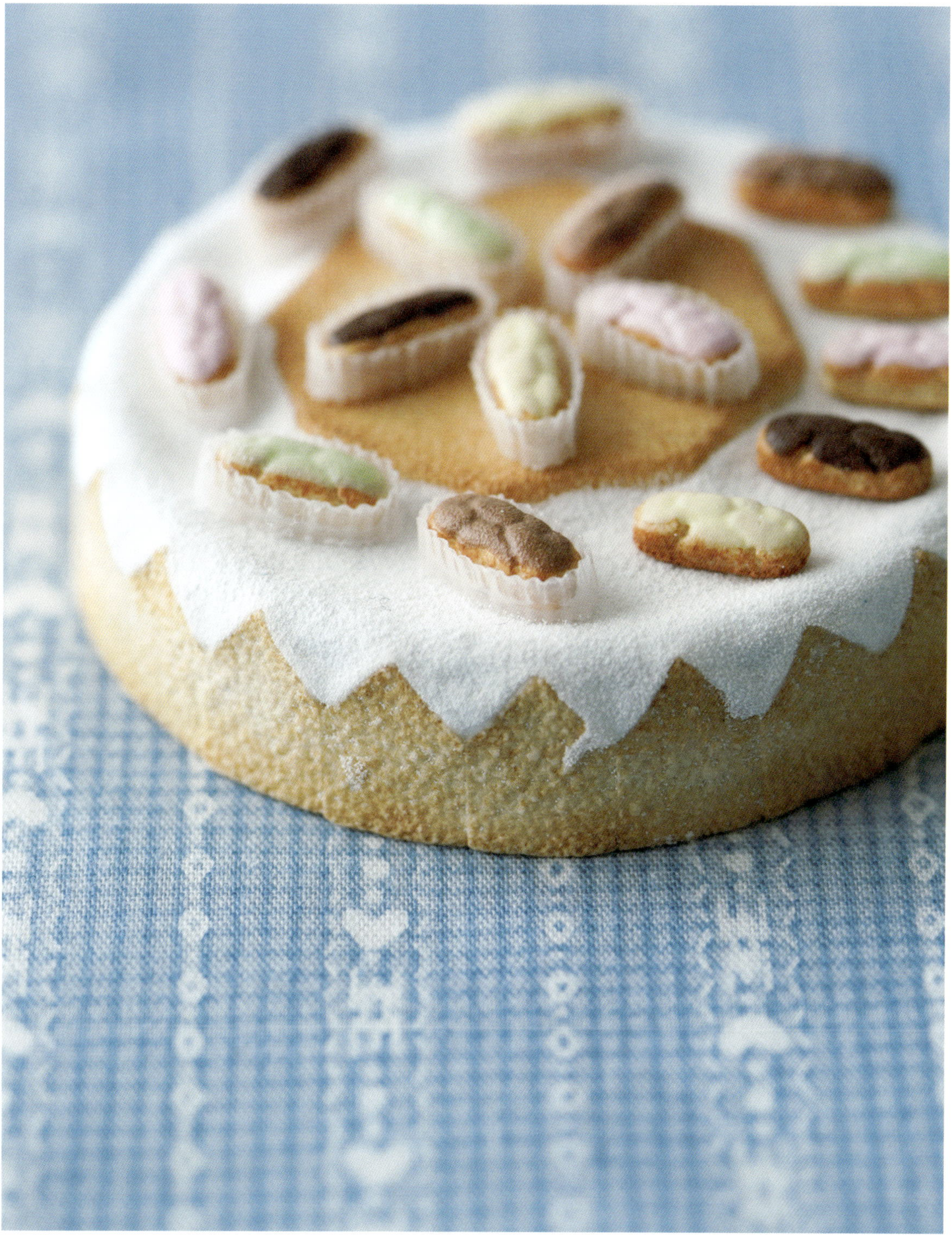

（準備編）より精巧な質感表現に向く中級テクニック

Lesson 2 中級編

液体状のシリコン型は、粘土状の型では鮮明さを欠く精密な質感表現に向いています。ここでは、焼きドーナツを作例に、液体状のシリコンで型を取る方法を説明します。

焼きドーナツ
Baked donuts
SIZE 直径約7mm／高さ約3mm

材料 エポキシパテ　型取り用の箱　両面テープ　型取り用シリコンゴム（ペーストタイプ）　粘土（P44参照）　焼き色塗料（P50参照）　ジェルメディウム　モデナペースト　絵の具（こげ茶色）

型取り用の箱を作る

牛乳パックなどをカットして、シリコンを流し込む縦15mm×横15mm×深さ7.5mmの箱を作ります。

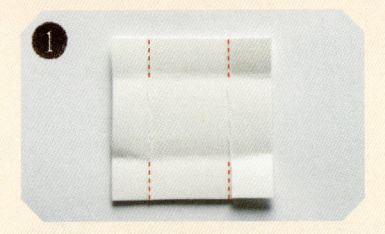

① 牛乳パックなどを用意して、縦30mm×横30mmのサイズにカットする。点線で切り込みを入れ、箱状に組み立てる。

② 側面にテープを巻いて、隙間がないようにしっかり留める。隙間があるとシリコンが流れ出てしまうため。

原型を作る

原型制作に慣れてきたら、焼き菓子ならではの質感にこだわった作品を作ってみましょう。パテが硬化するまで目いっぱい時間を使って表面をつつくと、おいしそうに仕上がります。
※本書では「エポキシ造形パテ（速硬化タイプ）」を使用しています。

① エポキシパテをこね、直径約7mm、高さ約3mmの半球状にする。※必ずビニール手袋を着用して作業を行うこと。

② 表面を縫い針や爪楊枝、カッターなどでつついて質感をだす。

③ 実際の焼きドーナツを観察しながら、時間をかけて丁寧に表現していく。

④ 先をカットした爪楊枝などを押しつけ、中心に穴をあける。しっかりと貫通させる。

⑤ 原型ができたところ。

シリコン型を作る（ペーストタイプ）

液体状の2剤を混ぜ合わせて硬化させるシリコン型を作ります。注ぎ入れる際に気泡が入らないように注意しましょう。

※本書では「ブルーミックス(ソフト)」を使用しています。

① 原型が完全に硬化したら、型取り用の箱の底に両面テープを貼り、原型を固定する。

② 型取り用シリコンの基剤1.5gと触媒1.5gを計量し、しっかりと混ぜ合わせる。

③ 箱に2を静かに注ぎ入れる。空気が入らないように端から少しずつ注ぎ、硬化するまで待つ。

④ 型取り用シリコンが完全に硬化したら、箱からシリコン型を取り出す。

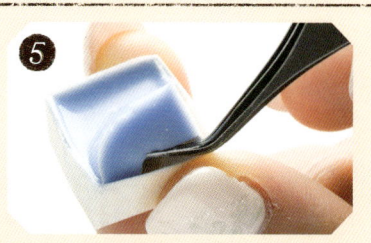

⑤ ピンセットを四辺の接地面に差し入れ、めくるようにシリコン型を取り出すとよい。

⑥ シリコン型ができたところ。

Lesson 2 中級編

粘土の成形と着色

粘土をシリコン型に詰める型取り作業を行います。粘土が乾燥したら、焼き色をつけ、好みのクリームがけでリアルな作品に仕上げましょう。

1 薄いクリーム色に着色した粘土をシリコン型に詰める(P44参照)。

2 粘土が乾燥したら、シリコン型から取り出す。

3 焼き色をつけて焼きドーナツのプレーンが完成(P50参照)。

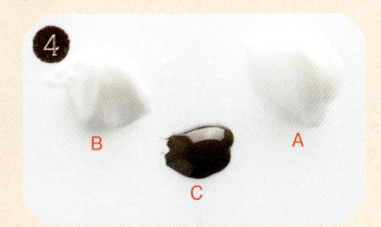

4 「ジェルメディウム」(A)と「モデナペースト」(B)を1:1の分量で出し、こげ茶色の絵の具(C)を適量用意する。

5 細筆や爪楊枝などで混ぜ合わせる。水を数滴加えるとなめらかになり、筆跡が残りづらくなる。

6 細筆などで5を焼きドーナツの上面に塗る。チョコクリームが乾燥したら完成。

Miniature Sen Hana スーパーテクニック
チョコレートがけアレンジ法

「ジェルメディウム」と「モデナペースト」のベースに、絵の具(アクリルまたは水彩)の色や量を変えるだけでバリエーション豊かなドーナツに仕上がります。

モカ味
こげ茶色の絵の具を少しだけ混ぜる。

ホワイトチョコ味
レモン色の絵の具を少しだけ混ぜる。

エクレア
Eclair

SIZE 長さ約10mm／幅約4mm

ちょっと高度な焼き菓子の質感に挑戦です。鉄板の上で焼きあがるエクレアを想像しながら、ひび割れを表現していきましょう。ポイントは刃先の動かし方です。

材料 エポキシパテ　型取り用の箱　両面テープ　型取り用シリコンゴム（ペーストタイプ）　粘土（P44参照）　焼き色塗料(P50参照)　ジェルメディウム　モデナペースト　好みの絵の具

原型を作る

❶ エポキシパテをこね、直径約3.5mm、長さ約10mmの棒状にする。

❷ エクレアを焼いた際に生じるひび割れを表現する。カッターの刃先を小刻みに上下に動かし、側面一周にひび割れを入れていく。

❸ 同様に、上面にひび割れを表現する。

❹ 斜めから見た状態。

❺ 上面のひび割れからランダムにひび割れを表現して、長さ約10mm、幅約4mmの原型ができたところ。

型を作る

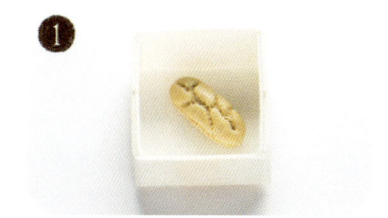

❶ 原型が完全に硬化したら、型取り用の箱の底に両面テープを貼り、原型を固定する。

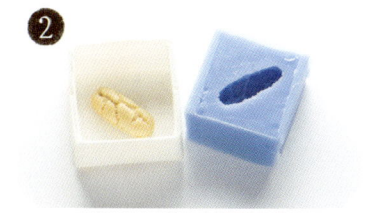

❷ 混ぜ合わせた型取り用シリコンの基剤1.5gと触媒1.5gを箱に注ぎ入れ、完全に硬化したらシリコン型を取り出す。

❸ シリコン型ができたところ。

Lesson 2 中級編

粘土の成形

① 薄いクリーム色に着色した粘土をシリコン型に詰める(P44参照)。

② 先の丸いペンや棒などで底面の中央にくぼみを入れる。

③ 底面にくぼみをつけたところ。

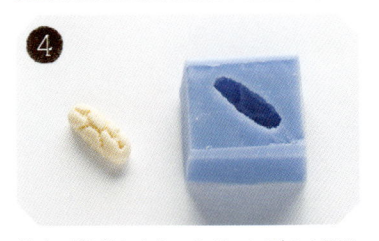

④ 粘土が乾燥したら、シリコン型から取り出す。

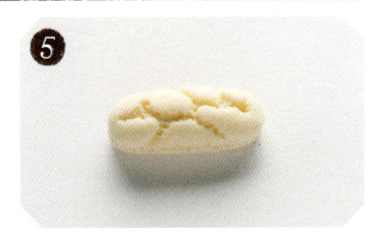

⑤ ひび割れを再現した粘土ができたところ。

着色

① 焼き色をつける(P50参照)。鉄板と接する底面のフチを濃く再現するとリアルに仕上がる。

② 好みのクリーム色を上面に塗る(P56参照)。

③ ひび割れに沿って自然と側面に垂れるように、上面の中央部分だけに塗る。

④ ひび割れに沿って、クリームが垂れているところ。乾燥すると水分が減るので、イメージする量よりも少し多めに盛るとよい。

⑤ クリームが乾燥したら、エクレアの完成。

シュークリーム
Cream puff

SIZE　直径約7mm／高さ約10mm（クリームを含む）

エクレアの応用編です。ひび割れの入れ方の基本はエクレアと同じです。シュークリームは、底と蓋の部分のひび割れのライン合わせをしながら作るとリアルに仕上がります。

材料　エポキシパテ　型取り用の箱　両面テープ　型取り用シリコンゴム（ペーストタイプ）　粘土（P44参照）　焼き色塗料（P50参照）　軽量紙粘土

原型を作る（下部）

❶ エポキシパテをこね、直径約7mmの半球状にする。

❷ 先の丸いペンや棒などを押しつけ、中央部分をへこませる。これがシュークリームの底の部分になる。

❸ 表面を縫い針や爪楊枝、カッターなどでつついて質感をだす。

❹ 実際のシュークリームをよく観察して、理想の質感に近づけるように時間をかけて丁寧に行う。

❺ カッターの刃先を上下・左右に小刻みに動かし、焼いた際のひび割れをランダムに表現する。

❻ シュークリーム下部の原型ができたところ。

原型を作る（上部）

❶ 下部の原型が硬化したら、底を両面テープで固定する。その上に両面テープを貼り、直径約7mmの半球状にこねたパテを乗せる。

❷ 下部同様に、表面を爪楊枝や縫い針、カッターなどでつついて質感をだす。

❸ 下部のひび割れのラインに合わせ、焼いた際のひび割れを上部にも表現する。

Lesson 2 中級編

型を作る

① 原型が完全に硬化したら、型取り用の箱の底に両面テープを貼り、上下2個の原型を固定する。

② 混ぜ合わせた型取り用シリコンの基剤1.5gと触媒1.5gを箱に注ぎ入れ、完全に硬化したらシリコン型を取り出す。

③ シュークリームの上部と下部、2個のシリコン型ができたところ。

粘土の成形と着色

① 薄いクリーム色に着色した粘土をシリコン型に詰める（P44参照）。

② 粘土が乾燥したら、シリコン型から取り出す。

③ 焼き色をつける（P50参照）。底やひび割れの部分には焼き色をつけず、濃淡をつけるとリアルに仕上がる。

生クリームの絞り出し　※本書では「天使のねんど」を使用。

① 焼き色塗料が乾燥したら、シュークリームの下部を両面テープで固定する。

② クリームを絞り出す面を水で湿らせておくと、粘土が接着しやすくなる。

③ 軽量紙粘土に指先を濡らす程度の水を加え、絞り出せる程度にやわらかくする。

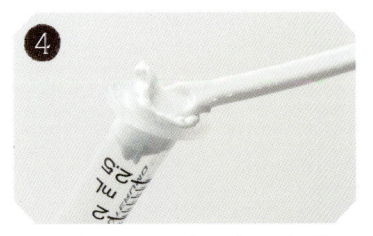

④ 粘土を絞り出し器に詰める（P73参照）。

⑤ 好みの形に粘土をクリーム状に絞り出す。

⑥ 絞り出した粘土が乾かないうちに、好みの角度に上部をかぶせて完成。

ロールケーキ
Swiss roll

SIZE　直径約7.5mm／高さ約3.7mm

いよいよ本書の焼き菓子の中で最も難易度が高い原型制作に入ります。リアルに作るコツは、渦巻きの幅を均等にすることとエッジを際立たせることです。

材料　両面テープ　エポキシパテ　型取り用の箱　型取り用シリコンゴム（ペーストタイプ）　爪楊枝　ワセリン　粘土（P44参照）　絵の具（こげ茶色）　軽量紙粘土

原型を作る（断面）

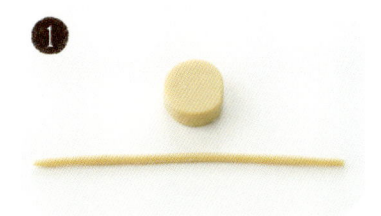

❶ エポキシパテをこね、直径約7mm、高さ約3.5mmの円柱と直径約1mm、長さ約35mmの棒状にする。

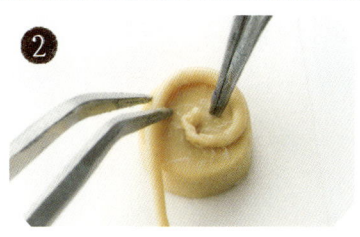

❷ 両面テープに円柱を固定し、上面に棒状のパテを渦巻き状に合わせ置く。

❸ はみ出た部分はカッターで側面の曲線に沿って斜めに切る。

❹ 表面を爪楊枝や縫い針、カッターなどでつついて質感をだす。

❺ 原型の片面ができたところ。

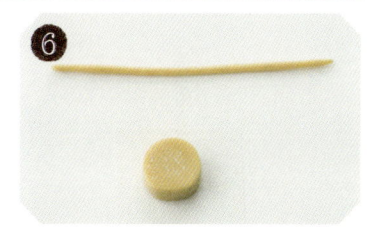

❻ 原型が完全に硬化したら5を裏返す。直径約1mm、長さ約35mmの棒状に成形したエポキシパテを用意する。

❼ 2と同様に、円柱の底面に棒状のパテを渦巻き状に合わせ置く。はみ出た部分はカッターで切る。

❽ 表面を爪楊枝や縫い針、カッターなどでつついて質感をだす。

❾ 断面の両面が仕上がったところ。

原型を作る(側面)

Lesson 2 中級編

① 原型が完全に硬化したら、側面を作る。エポキシパテをこね、厚さ約0.5mm、幅約3mm、長さ約25mmの板状にする。

② 板状のパテを側面に巻きつける。カッターで先端を押さえながら、ピンセットで合わせ置く。

③ 表面を縫い針や爪楊枝、カッターなどでつついて質感を出す。

④ ある程度つついてパテが原型になじんだら、はみ出た部分をカッターで切る。

⑤ さらに側面の幅に合わせるようにつついて押し広げ、貼り合わせたエッジが原型になじむように整える。

⑥ 巻き付けたパテが原型になじんで一体化した状態。

⑦ 渦巻き状の溝をカッターで削り、エッジを際立たせる。

⑧ 原型が完成したところ。

POINT
各パーツをなじませる

重ね合わせたパーツが一体化してなじむように、つつく作業を丁寧に繰り返すことが大切です。

型を作る

① 型取り用シリコンの基剤0.2gと触媒0.2gを混ぜ合わせ、型取り用の箱に注ぎ入れる。

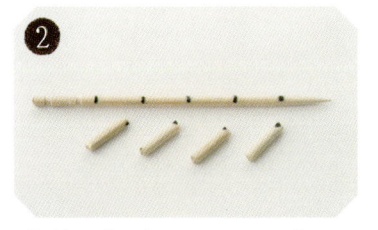

② 爪楊枝を1本用意し、長さ1cm×4本をカッターで切りだす。

③ 型取り用シリコンの基剤1gと触媒1gを混ぜ合わせ、1に静かに注ぎ入れる。

④ 硬化が始まる前に箱の中央に原型を沈める。

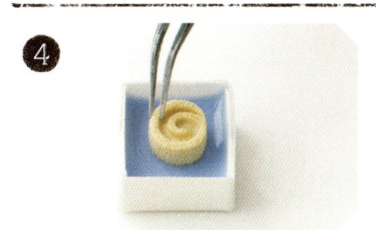

⑤ さらに、箱の四隅に2の爪楊枝を差し入れて垂直に立たせる。

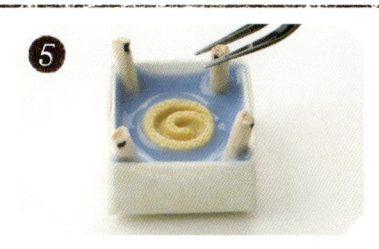

⑥ 型取り用シリコンが完全に硬化したら四隅の爪楊枝を引き抜く。

⑦ シリコンの表面にワセリンを塗る。四隅の穴の中もしっかりと塗る。

⑧ 型取り用シリコンの基剤0.5gと触媒0.5gを混ぜ合わせ、7に静かに注ぎ入れる。

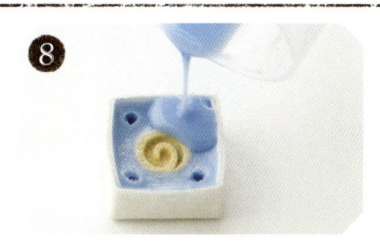

⑨ 四隅の穴にシリコンが入り込むように、爪楊枝などでつついて気泡を取り除く。

⑩ 型取り用シリコンが完全に硬化したら、箱から取り出す。

⑪ 両面タイプのシリコン型ができたところ。

粘土の成形

❶ 薄いクリーム色に着色した粘土をシリコン型に詰める(P44参照)。

❷ 四隅の合印を合わせてシリコン型の蓋を押しつける。

❸ 5秒ほど押しつけたら蓋を外し、粘土が自然と剥がれる状態になるまでひと晩置く。

63

Lesson 2 中級編

❹ 粘土が乾燥したら、シリコン型から取り出す。

❺ 型取りが成功した状態。

POINT
粘土はひと晩を目安にしっかりと乾燥させる

粘土の乾燥が不十分だと、シリコン型から粘土を取り出す際にエッジの部分が欠け、壊れてしまうことがあります。ひと晩を目安に焦らず、粘土をしっかりと乾燥させてから次の作業に進むようにしましょう。

NG

仕上げ ※本書では「天使のねんど」を使用。

❶ こげ茶色の絵の具（アクリルまたは水彩）を適量用意する。

❷ 細筆に絵の具をつけ、渦巻き状の内側に焼き色を塗っていく。

❸ 筆は垂直に立て、溝の側面にだけ塗る。塗りムラが出るくらいがよい。

❹ 軽量紙粘土を渦巻き状の溝に詰める。

❺ 焼き色が隠れないように、溝の中央から少しずつ詰めていく。

❻ 反対側も同様に詰めてロールケーキの完成。

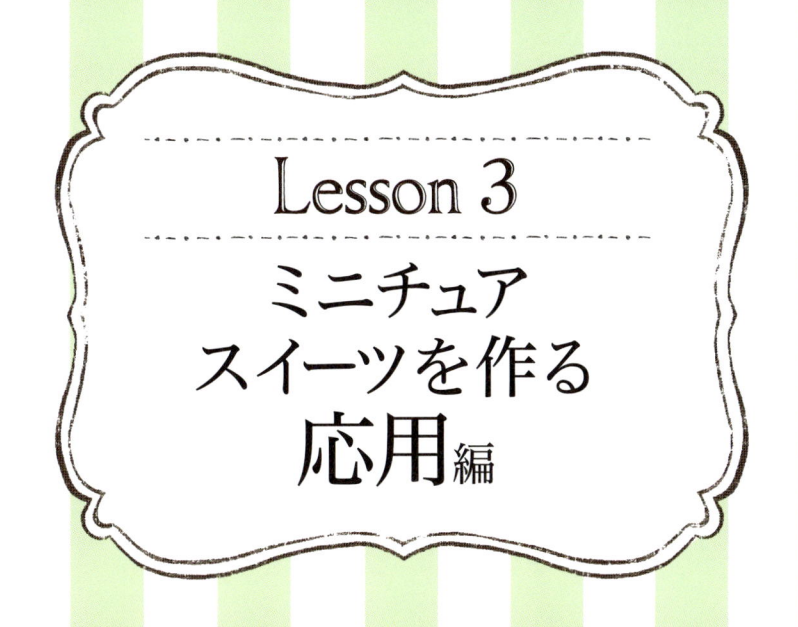

Lesson 3
ミニチュアスイーツを作る 応用編

Lesson 3 応用編

Miniature Sen Hana
SWEETS WORLD

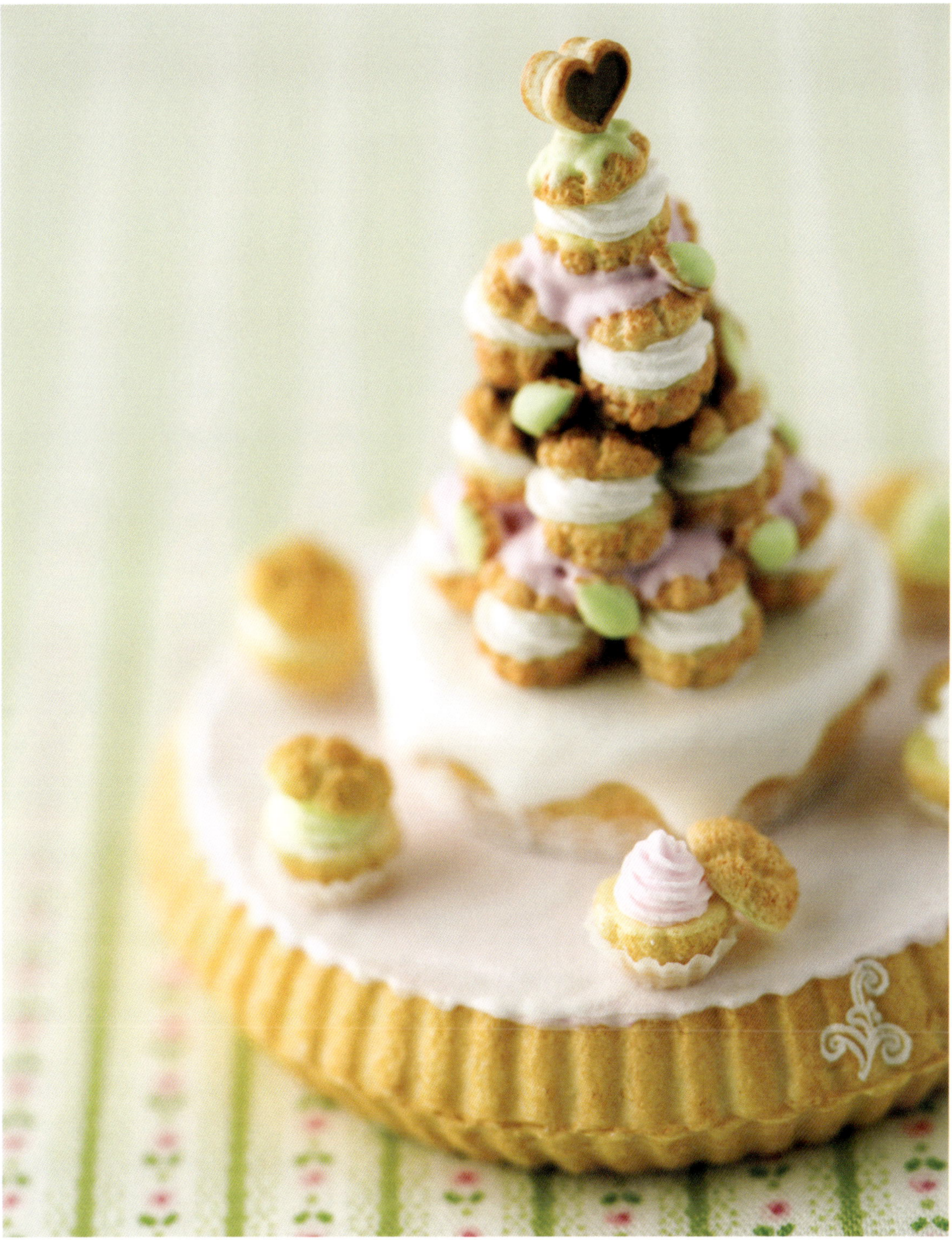

Lesson 3 応用編

シャルロットケーキ
Charlotte cake
SIZE　直径約7mm／高さ約6.5mm

ビスキュイの応用編です。シリコン型を作って複製する利点を最大限に活かしています。この方法で複数つながったパーツの作り方をマスターしましょう。

材料　エポキシパテ　牛乳パックなどの防水性の厚紙　両面テープ　型取り用シリコンゴム（パテタイプ）粘土（P44参照）木工用接着剤　焼き色塗料（P50参照）ジェルメディウム　モデナペースト　樹脂粘土　軽量紙粘土　透明粘土　模型用クリヤーカラー（レッド、スモーク、イエロー、オレンジ、グリーン）絵の具（レモン色、白色、黒色）水性ニス

ビスキュイ
Biscuit
SIZE　長さ約6.5mm／幅約2.5mm

原型を作る

❶ P43で作ったシリコン型にエポキシパテを詰めて、完全に硬化したら原型を取り出す。

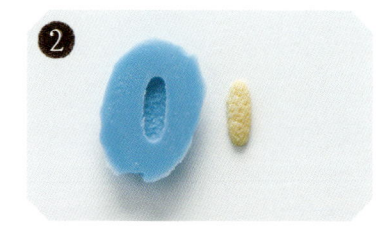

❷ 1の作業を繰り返して、エポキシパテ製のビスキュイの原型を10個作る。

型を作る

❶ 牛乳パックなどに両面テープを貼り、その上に10個の原型を隙間なく並べる。

❷ 型取り用シリコンを原型に押しつける。

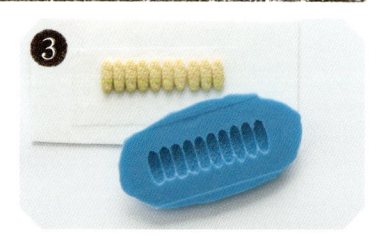

❸ 型取り用シリコンが完全に硬化したら、原型を取り出す。ビスキュイ10個がつながったシリコン型の完成。

粘土の成形

❶ 薄いクリーム色に着色した粘土をシリコン型に詰める（P44参照）。写真を参考に、10個がつながった状態に詰める。

❷ 粘土が乾燥したら、シリコン型から取り出す。ビスキュイ10個がつながった粘土の完成。

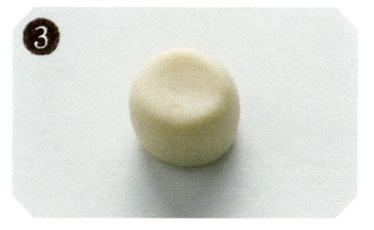

❸ 粘土をこね、直径約5mm、高さ約4mmの円柱状にする。隠れてしまう土台の部分なので、着色の必要はない。

❹ 3の側面にビスキュイを巻きつけて木工用接着剤で接着する。

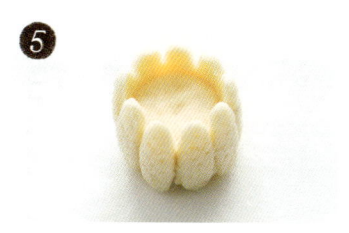

❺ はみ出たビスキュイはカッターで切り取る。

着色

❶ ビスキュイに焼き色をつける（P50参照）。

❷ ホワイトチョコレートを中央に流し入れる（P56参照）。

❸ 生クリームを絞り出し（P60参照）、シャルロットケーキの土台が完成。

ラズベリー
Raspberry SIZE 直径約1.8mm

原型を作る

❶ エポキシパテをこね、指でつまんで小さく丸める。

❷ 1の作業を繰り返し、丸めたパテをラズベリーの形に積んでいく。

69

Lesson 3 応用編

型を作る

① 直径約2mm（10個程度が目安）に仕上げた原型が完全に硬化したら、牛乳パックなどに両面テープで固定する。

② 型取り用シリコンを原型に押しつける。

③ 型取り用シリコンが完全に硬化したら原型を取り出し、シリコン型の完成。

粘土の成形と着色
※水分が乾燥すると色が若干濃くなるので、イメージする色よりも少し薄く着色する。

① 模型用クリヤーカラーのレッドとスモーク（もしくは黒）を1：1に混ぜ、ラズベリーの色に調合する。写真右は、「すけるくん」に着色したところ。

② 着色した粘土をシリコン型に詰め、粘土が乾燥したら型から取り出す。

③ ラズベリーができたところ。詰めた直後の粘土は不透明だが、乾燥するにつれ徐々に艶が出てくる。

みかん
Mandarin　SIZE 長さ約2.8mm

原型を作る

① エポキシパテをこね、長さ約3mmの三日月型に形作る。

② カッターなどを利用して、表面に小さなひし形の筋をつける。本物をよく観察して、側面もみかんの形状に整える。

型を作る

① 原型が完全に硬化したら、型取り用シリコンを原型に押しつける。

② 型取り用シリコンが完全に硬化したら原型を取り出し、シリコン型の完成。

粘土の成形と着色

❶ 模型用クリヤーカラーのイエローとオレンジを1：1で混ぜ、みかんの色に調合する。写真右は、「すけるくん」に着色したところ。

❷ 着色した粘土をシリコン型に詰め、粘土が乾燥したら型から取り出す。

❸ みかんができたところ。詰めた直後の粘土は不透明だが、乾燥するにつれて徐々に艶が出てくる。

キウイ
Kiwi　SIZE 直径約4.5mm

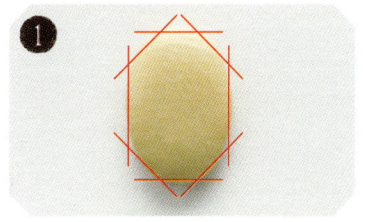

原型を作る

❶ エポキシパテをこね、縦約5mm、横約4mmのだ円状に形作り、写真の位置でカッターでカットする。

❷ キウイの形状に角をカットしたところ。表面がまだやわらかいうちに平らに整える。

❸ 中心から外側に向かって放射線状にカッターなどで筋を付ける。

❹ 中央部分に爪楊枝などでだ円状のくぼみを形作り、原型の完成。

型を作る

❶ 原型が完全に硬化したら、型取り用シリコンを原型に押しつける。

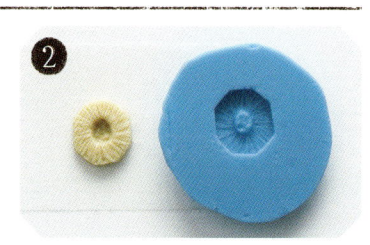

❷ 型取り用シリコンが完全に硬化したら原型を取り出し、シリコン型の完成。

粘土の成形と着色

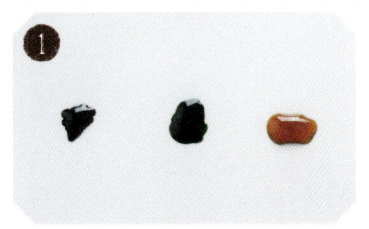

① 模型用クリヤーカラーのグリーンとイエロー、スモークを1:1:1で混ぜ、キウイの色を調合する。

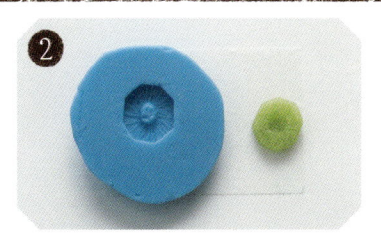

② 着色した「すけるくん」をシリコン型に詰め、粘土が乾燥したら型から取り出す。詰めた直後の粘土は不透明だが、乾燥するにつれて徐々に艶が出てくる。

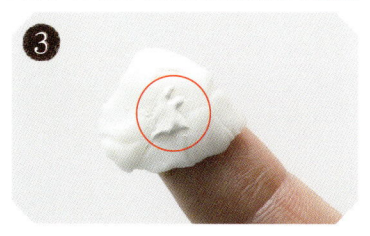

③ 樹脂粘土「ハイクレイ」に白色の水彩絵の具を少量混ぜる。

④ 中央部分のくぼみに3を詰める。

⑤ 白色の粘土をつめたところ。粘土が乾燥するまで置く。

⑥ 種を描き入れる。ペン先が細い黒のボールペンや黒色の絵の具(アクリルまたは水彩)を針先につけて描いていく。

⑦ キウイフルーツの完成。

組み立て

① 各フルーツの底面に木工用接着剤を塗り、土台の好みの位置に仮止めする。

② 位置が決まったら、水性ニスの「サテンバーニッシュ」をクリーム以外のフルーツに塗り、ツヤ出しする。

③ 水性ニスが乾燥したら、シャルロットケーキの完成。

Miniature Sen Hana スーパーテクニック
オリジナルの絞り出し器を作る

ミニチュアスイーツ作りに欠かせないクリームの絞り出し。市販のシリンジ（プラスチック製）を加工して、オリジナルの絞り出し器を作ってみましょう！

❶ 使い終わったテープカッターの刃（食品用ラップの刃でも可）を用意して、線の位置でカットする。

❷ 6山分の刃先にハサミでカットしたところ。

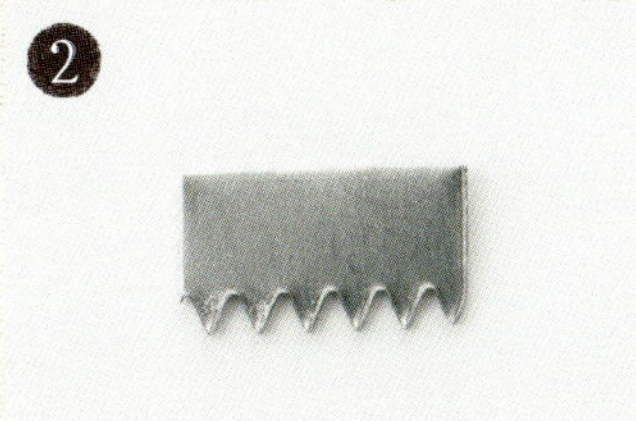

❸ ペンチで両端をはさみ、刃を途中まで軽く曲げる。

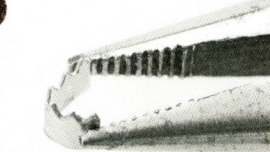

❹ たこ焼きピックなどの細い棒に刃を巻きつけ、さらにペンチで刃を筒状に丸める。

❺ 筒状に曲げ終わった状態。

❻ 好みのサイズのシリンジを用意して、差し込み口の直径を目打ち等で広げておく。

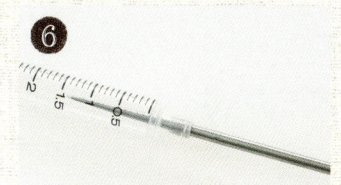

❼ シリンジの差し込み口に刃を差し込む。

❽ シリンジの先端をライターの火であぶり溶かし、固まらないうちにペンチで刃先の向きを整える。

❾ 刃を接着し終わったらペンチで刃先をつまみ、星形に整えて完成。

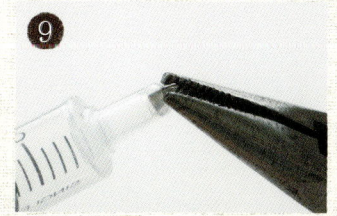

※金属製の刃や溶けたシリンジはとても熱くなっているので火傷に注意。軍手などを着用すること。

Lesson 3 応用編

アイシングクッキー
Icing cookies
SIZE 各横約3mm／縦約6mm

原型制作の応用編です。原寸大の原型を真似て、クリスマスクッキーの原型を作ってみましょう。アイシングはお好みの絵の具を混ぜてカラフルに！

材料 エポキシパテ　牛乳パックなどの防水性の厚紙　両面テープ　型取り用シリコンゴム（パテタイプ）　粘土（P44参照）　焼き色塗料（P50参照）　モデナペースト　ジェルメディウム　好みの絵の具

原寸大の原型

原型を作る

❶ 原寸大の画像を参考に、エポキシパテをこね、8個の原型を作る。

型を作る

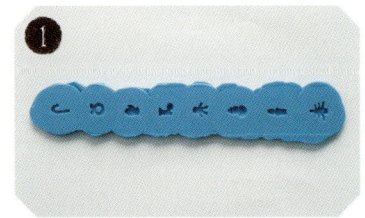

❶ 原型を両面テープで固定し、型取り用シリコンを押しつける。シリコンが硬化したら原型を取り出し、シリコン型の完成。

粘土の成形と着色

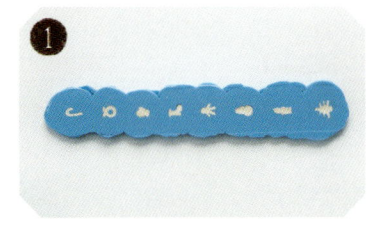

① 薄いクリーム色に着色した粘土をシリコン型に詰める（P44参照）。

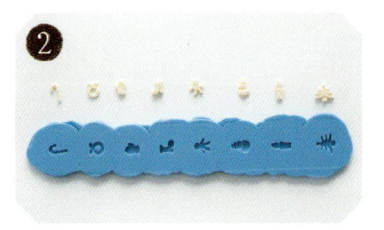

② 粘土が乾燥したら、シリコン型から取り出す。

③ 焼き色をつけて、ベースとなるクッキーができたところ（P50参照）。

アイシング

① 細筆や爪楊枝に好みのアイシングの素を取り（下記参照）、クッキーの片面にだけ塗っていく。

② アイシングの素が乾燥したらアイシングクッキーの完成。

POINT

アイシングの素を作る

水分が乾くと色が若干濃く仕上がるので、イメージする色よりも少し薄めに調合するのがポイント。クッキーに塗りづらい場合は、「ウルトラ バーニッシュマット」を適宜加えるとなめらかになります。

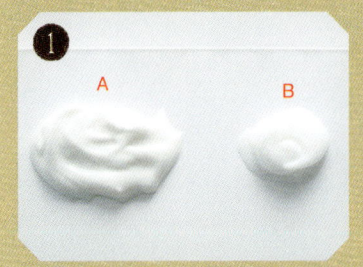

① 「モデナペースト」2（A）、「ジェルメディウム」1（B）の割合で用意し、混ぜ合わせる。

② 写真の分量を目安に、1に好みの色の絵の具を調合してアイシングの素を作る。右から黄色、ピンク、青色。

③ 2をそれぞれ混ぜ合わせたところ。細筆や爪楊枝に少量を取り、クッキーに塗る。

75

Lesson 3 応用編

お菓子の家
Candy house
SIZE 横約30mm／縦約30mm／高さ約25mm

原寸大の型紙(P79)を使用して、シンプルなお菓子の家を作ることができます。お好みでクリスマスクッキーやフラワークッキーを飾りつけてお楽しみください。

材料 粘土(P44参照) 焼き色塗料(P50参照) 木工用接着剤

粘土の成形と着色

❶ 薄いクリーム色に着色した粘土をこね、直径約30mmの球状にする。

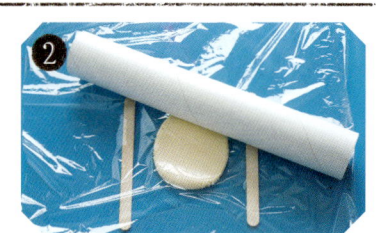

❷ 粘土の上に食品用ラップを敷き、ラップの芯などを転がして約2mmの厚さに伸ばす。

❸ 粘土の両端に厚さ約2mmの板などを置いて芯を転がすと均一の厚さに仕上がる。

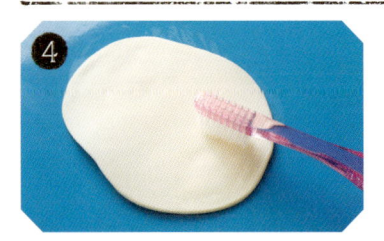

❹ 歯ブラシや縫い針、爪楊枝などで表面をつつき、質感を出す。塗れたタオルを押しつけて質感を表現するのもよい。

❺ イメージする質感になるまで時間をかけ、表面が均一になるように仕上げていく。

❻ 粘土が乾燥したら、片面にだけ焼き色を付ける(P50参照)。

パーツのカット

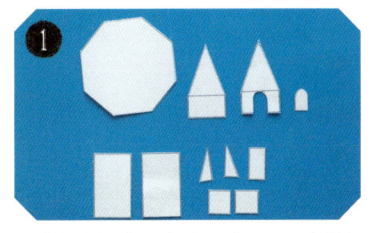

❶ 原寸大型紙（P79）をコピーして、定規とカッターで丁寧に切り抜く（好みの大きさに拡大や縮小コピーしてもOK）。

❷ コピーした型紙を粘土の上に置き、型紙のフチに沿って粘土をカッターで切り抜く。

❸ 型紙に合わせて各パーツをカットしたところ。

組み立て

❶ 写真を参考に、前面パーツの裏面に木工用接着剤を塗る。

❷ 壁パーツを接着する。反対側も同様に接着する。

❸ 壁パーツに木工用接着剤を塗り、後面パーツを接着する。

❹ 同様に、屋根パーツを接着する。

❺ 煙突パーツを接着する。

❻ 扉パーツを接着する。

❼ 台座の上に組み立てた家を接着して、お菓子の家の完成。

Miniature Sen Hana スーパーテクニック
お菓子の家を自分流にアレンジ！

原寸大型紙を用いて作る「お菓子の家」はとってもシンプル。
だから、前面・側面・背面・上部と飾りつけるところがいっぱい。
Lesson1〜3で覚えたスイーツパーツを自分流に飾って、
オリジナルなお菓子の家作りにチャレンジしてください！

◀「魔女の家」です。このお菓子の家にはドアの他に窓もあります。窓やドアに降り積もった雪はアイシングで表現しています。本書の原寸大型紙には窓の切り抜き線はありませんが、自由に好きな場所を切り抜いて窓を作ってみてください。

▲「森の中のクッキートレイン」に出てくる小さなお菓子の家です。正面には焼き色のままのプレッツェルを飾り、側面の壁にはカラフルなチョコレートでコーティングしたプレッツェルを飾り付けました。

◀「クマちゃんハウスとクマちゃんトレイン」に出てくるお菓子の家です。屋根はビスキュイをいっぱい作って貼り合わせ、グラス ア ローでコーティングしました。屋根のてっぺんにはフラワークッキーを飾り付けました。

アイシングの素から「グラス ア ロー」の素を作る

「焼きドーナツのディスプレイ」に出てくるお菓子の家。煙突や屋根に積もった雪をアイシングで表現しています。家の背面には、焼きドーナツを1個貼りつけてアクセントにしました。

お気づきですか？ この背面の焼きドーナツはチョコやモカのクリームがけではありません。食紅でほんのりブルーに色づけした「グラス ア ロー（仏：glace a l'eau）」でコーティングしたドーナツなんです。「グラス ア ロー」といっても作り方は難しくありません。アイシングの素に多めの「ウルトラバーニッシュマット」を加えて、見たてています。簡単でしょ♪「グラス ア ロー」が乾いてからピンクと濃いめのブルーのアイシングで模様をつけ、かわいく仕上げました。

どうですか？ 焼きドーナツの作り方とアイシングの素の作り方を覚えるだけでも、お菓子の家のバリエーションが広がります！

お菓子の家 -原寸大型紙- (単位：mm)

台座×1	煙突×各1	屋根×2	壁×2	後×1	前×1	扉×1
30×30	10、4、5、4	20×12	7×7	7×12	23×12、4	4

Lesson 3 応用編

Miniature Sen Hana スーパーテクニック
焼き菓子のラッピング法

SIZE　横約10mm／縦約10mm／高さ約14mm

できあがった作品をひとつひとつパッキングすると洋菓子店に並んでいる本物そっくりの焼き菓子に。さらにミニチュアサイズの箱に詰めれば、自分だけの愛らしい作品に仕上がります！

❶ パッキングしたい焼き菓子をポリプロピレン（PP）製シートの左下の位置に封入する。

❷ シート内に空気が入らないように注意して、焼き菓子を覆うように金属製クリップではさむ。

❸ はみ出た部分をはさみで切り、金属製クリップの先端をライターの火であぶる。

❹ シートの上側が閉じられたところ。

❺ 同様に、空気が入らないように金属製クリップではさみ、はみ出た部分をはさみで切る。

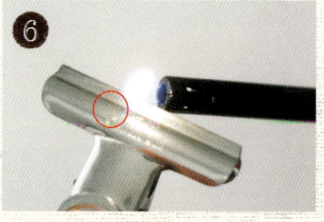

❻ 金属製クリップの先端をライターの火であぶる。

❼ シートの右側が閉じられ、パッキングの完成。右ページの型紙を参考に、好みの箱に詰める。

ギフトボックス - 原寸大型紙 -

※カラーコピーしてご使用ください。

切り込み　山折り　のりしろ

POINT
ギフトボックスの組み立て方

切り込み線や折り線に従って五角形に組み立てます。蓋と底は接着しなくてもOK。

ミニチュアスイーツ Q&A

Q
1/12サイズとは何ですか？

A
実物のサイズを測って、それを12で割った大きさを1/12サイズといいます。ドールハウスの世界的な基準になっていることからミニチュアも1/12サイズで作ることが多いです。

Q
どうして原型を作るのですか？

A
最大の理由は、時間をかけて細部まで作り込めることです。粘土から直接ミニチュアを形作ることはハンドメイド感がたっぷりあって、私も好きです。しかし、粘土は空気にふれた瞬間から乾燥がはじまり、中心部はともかく表面は数分で乾いてしまいます。表面が乾いたら細かい模様や焼き菓子のリアルな質感は表現できません。粘土から直接ミニチュアを形作るものと原型を作ってからミニチュアを作るもの、用途に応じて使いわけるとよいでしょう。

Q
生クリームを上手に絞りだせません。上手に絞り出す方法はありますか？

A
絞り出し器の口金を直接スイーツにつけて絞り出そうとすると、慣れないうちは失敗します。牛乳パックなど防水性のある紙やクリアファイルの上にたくさん絞り出し、その中から形の良いものを選びましょう。絞り出したクリームは乾燥すると簡単に剥がれるので、木工用接着剤でスイーツに接着します。

Q
ミニチュアをリアルに作るにはどうすればいいですか？

A
実物をよく観察することです。食べ物の場合は本物のレシピ本を参考にするのもよいでしょう。私は、単体の焼き菓子作りには、平均3〜4時間程度をかけて原型をつついて質感を表現しています。硬化後に必要に応じてパテを盛り、さらにつついたり、ヤスリがけをして厚さや高さを調節しています。

Q エポキシパテでの原型制作で質感表現に便利な道具はなんですか？

A 爪楊枝、カッターの刃先、たこ焼きピックの先、縫い針の先などが便利です。紙やすりもあると便利です。硬化後のエポキシパテは紙やすりで表面を整えたり高さを調節したりできます。1000番程度を用意しておくといいでしょう。さらに慣れてきたら電動ルーターにも挑戦してみてください。上達すればロールケーキの溝を整えることも可能です。

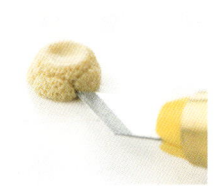

Q 粘土に自分の指紋がつくのが気になります。防ぐ方法はありますか？

A 手にフィットする薄手のゴム手袋をするか、指先にサックをはめるといいでしょう。また、粘土に指紋がついてしまったら、指紋の上にタオルの繊維を軽く押しあてて消すという方法もあります。

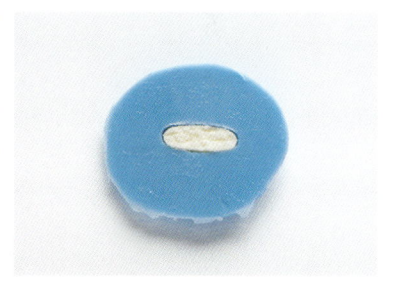

Q 粘土をブレンドしたり、絵の具を混ぜ込むとベタベタして手についてしまいます…。

A 粘土を薄く広げて空気にふれさせ、表面を少し乾燥させると扱いやすくなります。ただし、あまり長い時間放置すると乾燥してしまうので注意が必要です。数分程度の放置を繰り返して様子をみながら作業を進めてください。

Q ミニチュアの箱を作るときに適している紙の種類は何ですか？

A 理想なのは写真プリントもできる薄手の光沢紙です。光沢紙は表面にフィルムが貼ってあり、それなりに強度もあります。なければ写真や文字の印刷がきれいなファイン紙がリーズナブルでしょう。

Miniature Sen Hana
SWEETS WORLD

85

おわりに

私はミニチュアを作るときにこだわっていることがあります。
それは、物語の設定とディスプレイです。
例えば、ケーキを単体で作るだけではなく、
それを入れる容器やディスプレイ台まで含めて創作するということです。
ディスプレイ台は物語の舞台となる大道具であり、
箱や容器はミニチュアを輝いた主人公にしてくれる小道具になります。

単体のミニチュア作りをはじめてから数年後に、
外国製のチェス形をしたクッキーを模して、
ミニチュアのチェス形クッキーを作ったことがあります。
はじめはチェスの駒（キング・クイーン・ルーク・ビショップ・ナイト・ポーン）と
それを入れる箱を作っただけでした。
でも、ふとミニチュアで市松模様のアイスボックスクッキーを作って、
ミニチュアクッキー製の駒を並べたら、チェス盤になるかも!?と思い立ち、
作ってみたらイメージがぴったりでした。

次に、陣取り合戦の状況をより臨場感あふれるように表現したくなったので、
ミニチュアでお菓子の家ならぬ、お菓子のお城を作りました。
こうして、チェス駒、チェス盤、お城とそれぞれを作り、ディスプレイしました。
このディスプレイを写真にとって、箱に印刷して箱の中にチェス形クッキーを入れました。

非常に手間暇がかかりますが、
こうして物語性を持たせてミニチュアの世界を創造していると、
ミニチュア単体では表現できない世界観が生まれます。
その世界観が「Miniature Sen Hana」の作品の特徴であり、
私のミニチュア作りの根底にあるものです。

本書を手にしてくださった皆さまに、
ミニチュアの世界を少しでも楽しんでいただけましたら幸いです。
最後にこの本の出版にあたり支えてくださった方々に感謝して結びの言葉といたします。

＊Miniature Sen Hana＊
深津千恵子

深津千恵子
CHIEKO FUKATSU

ミニチュア作家。東京都生まれ。ドールハウスをはじめ、ミニチュアスイーツ、ミニチュアフード、粘土細工、ジオラマなど、「小さな世界」を想像・創造し、1/12スケールを中心に、1/4〜1/144とさまざまなスケールで作品作りを行っている。カルチャーセンター講師を経て、現在はミニチュア教室「Miniature Sen Hana」主宰。

http://miniaturesenhana.blog136.fc2.com/
https://twitter.com/senhana_mini

材料協力(五十音順)
アイボン産業有限会社
アグサジャパン株式会社　http://www.agsa.co.jp/
株式会社アサヒペン　http://www.asahipen.jp/
新日本造形株式会社　http://www.snz-k.com/
株式会社タミヤ　http://www.tamiya.com/japan/index.htm
中部電磁器工業株式会社　http://www.cecweb.co.jp/
株式会社パジコ　http://www.padico.co.jp/
バニーコルアート株式会社　http://www.bonnycolart.co.jp/

撮影協力
ドールハウスKIMI
http://www.geocities.jp/dollshouse_kimi/

Miniature Sen Hana
粘土で作る
ガーリースタイルのミニチュアスイーツ

2014年7月26日　初版第1刷発行
2016年2月12日　初版第2刷発行

著　者　　深津千恵子
写　真　　中川真理子
装　幀　　大森由美
編　集　　上野建司

発行者　　佐野 裕
発行所　　トランスワールドジャパン株式会社
　　　　　〒150-0001
　　　　　東京都渋谷区神宮前6-34-15 モンターナビル
　　　　　Tel.03-5778-8599　Fax.03-5778-8743
印刷・製本　中央精版印刷株式会社
Printed in japan
©Miniature Sen Hana ／ Transworld Japan Inc.2014
ISBN978-4-86256-143-5

◎定価はカバーに表示されています。
◎本書の全部または一部を著作権法上の範囲を超えて無断で複写、複製、転載、あるいはファイルに落とすことを禁じます。
◎乱丁・落丁本は、弊社出版営業部までお送りください。送料当社負担にてお取り替えいたします。

Hana Miniature Sen Hana Miniature Sen Hana Miniature Sen Hana Miniature Sen Hana Miniature Sen Hana Miniature Sen Hana Miniature Sen
Miniature Sen Hana Miniature Sen Hana Miniature Sen Hana Miniature Sen Hana Miniature Sen Hana Miniature Sen Hana Miniature Sen Hana
Hana Miniature Sen Hana Miniature Sen Hana Miniature Sen Hana Miniature Sen Hana Miniature Sen Hana Miniature Sen Hana Miniature Sen
Miniature Sen Hana Miniature Sen Hana Miniature Sen Hana Miniature Sen Hana Miniature Sen Hana Miniature Sen Hana Miniature Sen Hana
Hana Miniature Sen Hana Miniature Sen Hana Miniature Sen Hana Miniature Sen Hana Miniature Sen Hana Miniature Sen Hana Miniature Sen
Miniature Sen Hana Miniature Sen Hana Miniature Sen Hana Miniature Sen Hana Miniature Sen Hana Miniature Sen Hana Miniature Sen Hana
Hana Miniature Sen Hana Miniature Sen Hana Miniature Sen Hana Miniature Sen Hana Miniature Sen Hana Miniature Sen Hana Miniature Sen
Miniature Sen Hana Miniature Sen Hana Miniature Sen Hana Miniature Sen Hana Miniature Sen Hana Miniature Sen Hana Miniature Sen Hana
Hana Miniature Sen Hana Miniature Sen Hana Miniature Sen Hana Miniature Sen Hana Miniature Sen Hana Miniature Sen Hana Miniature Sen
Miniature Sen Hana Miniature Sen Hana Miniature Sen Hana Miniature Sen Hana Miniature Sen Hana Miniature Sen Hana Miniature Sen Hana
Hana Miniature Sen Hana Miniature Sen Hana Miniature Sen Hana Miniature Sen Hana Miniature Sen Hana Miniature Sen Hana Miniature Sen
Miniature Sen Hana Miniature Sen Hana Miniature Sen Hana Miniature Sen Hana Miniature Sen Hana Miniature Sen Hana Miniature Sen Hana
Hana Miniature Sen Hana Miniature Sen Hana Miniature Sen Hana Miniature Sen Hana Miniature Sen Hana Miniature Sen Hana Miniature Sen
Miniature Sen Hana Miniature Sen Hana Miniature Sen Hana Miniature Sen Hana Miniature Sen Hana Miniature Sen Hana Miniature Sen Hana
Hana Miniature Sen Hana Miniature Sen Hana Miniature Sen Hana Miniature Sen Hana Miniature Sen Hana Miniature Sen Hana Miniature Sen
Miniature Sen Hana Miniature Sen Hana Miniature Sen Hana Miniature Sen Hana Miniature Sen Hana Miniature Sen Hana Miniature Sen Hana
Hana Miniature Sen Hana Miniature Sen Hana Miniature Sen Hana Miniature Sen Hana Miniature Sen Hana Miniature Sen Hana Miniature Sen
Miniature Sen Hana Miniature Sen Hana Miniature Sen Hana Miniature Sen Hana Miniature Sen Hana Miniature Sen Hana Miniature Sen Hana
Hana Miniature Sen Hana Miniature Sen Hana Miniature Sen Hana Miniature Sen Hana Miniature Sen Hana Miniature Sen Hana Miniature Se
Miniature Sen Hana Miniature Sen Hana Miniature Sen Hana Miniature Sen Hana Miniature Sen Hana Miniature Sen Hana Miniature Sen Hana

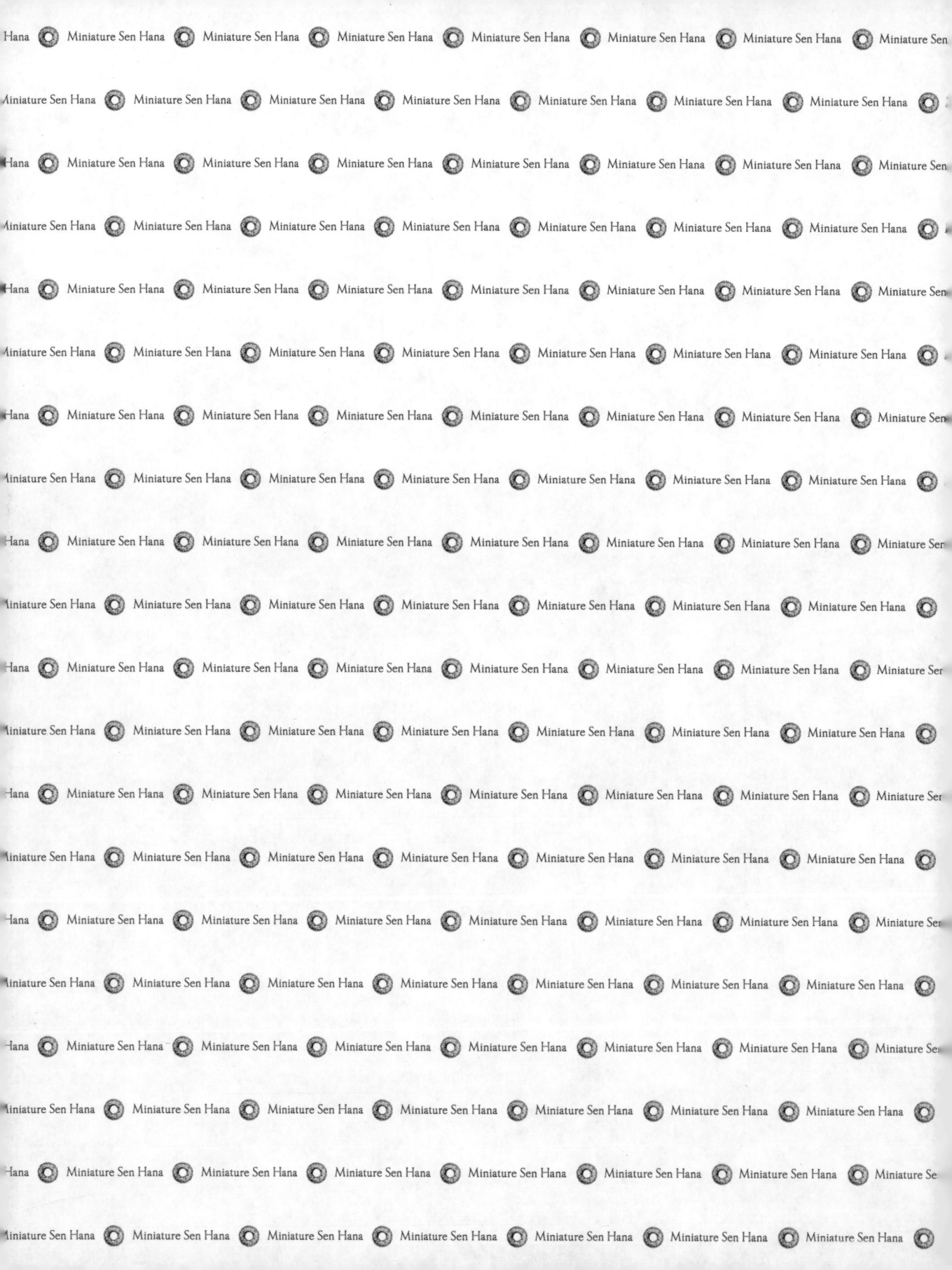